W0214039

DIE ERDE

Umsetzung: Thema media GmbH unter Mitwirkung der Autoren
Ute Friesen
Daniel Hoch

DIE ERDE

INHALT

PLANET ERDE

Unsere Erde ist 4,6 Milliarden Jahre alt. Zusammen mit sieben anderen Planeten kreist sie um unsere Sonne, während sich der Mond um die Erde bewegt. Wegen der leicht schräg stehenden Erdachse ist jeweils eine Erdhalbkugel der Sonne näher als die andere – deshalb gibt es Sommer und Winter. Weil die Erde sich auch um sich selbst dreht, wird es Tag und Nacht. Doch trotz dieser Gesetzmäßigkeiten hat sich die Erde nicht immer gleichmäßig entwickelt. Spuren im Gestein erzählen von vergangenen Naturkatastrophen. Immer wieder sind Lebewesen ausgestorben, und es haben sich neue herausgebildet. Dieser Prozess ist auch heute noch nicht abgeschlossen.

Was ist die Milchstraße?

Wenn man bei Dunkelheit in den Himmel schaut, erkennt man, dass die Sterne nicht gleichmäßig verteilt sind. Es zieht sich ein helles Band über den Himmel, die Milchstraße. Auf ihr liegen die Sterne unserer Galaxie. Unsere Sonne ist einer von unzähligen Sternen einer Stern- und Staubspirale, die sich um einen Mittelpunkt dreht. Über das Zentrum der Galaxie ist bisher kaum etwas bekannt. Es liegt hinter einem dichten Staubschleier.

Was ist ein Sonnensystem?

Ein Sonnensystem ist eine Sonne mit allen zu ihr gehörenden Planeten und kleineren Himmelskörpern, die sich um die Sonne als Mittelpunkt bewegen. Vielleicht ist jeder Stern, den wir sehen, Mittelpunkt eines Sonnensystems.

Wie weit sind die Planeten von der Sonne entfernt?

Merkur ist mit 58 Millionen Kilometern als mittlerem Abstand zur Sonne der am nächsten gelegene Planet. Bei Neptun, dem am weitesten entfernten Planeten, beträgt der mittlere Abstand 4500 Millionen Kilometer.

Wie viele Sterne sind in unserer Galaxie?

Unsere Galaxie umfasst etwa zwei Milliarden Sterne. Einer davon ist unsere Sonne. Sie saust mit der enormen Geschwindigkeit von 900000 Stundenkilometern um das Zentrum der Galaxie.

Die Erde ist der einzige bewohnte Planet in unserem Sonnensystem.

So könnte sich die Erde gebildet haben.

Was erklärt mein Vater mir jeden Sonntag?

„Mein Vater erklärt mir jeden Sonntag unseren Nachthimmel." Mit diesem Satz kann man sich die Namen der Planeten unseres Sonnensystems merken. Die Anfangsbuchstaben stehen jeweils für einen Planeten, wenn man von der Sonne aus zählt: Merkur, Venus, Erde, Mars, Jupiter, Saturn, Uranus und Neptun. Eine feste Oberfläche haben Merkur, Erde, Venus und Mars. Jupiter, Saturn, Uranus und Neptun sind dagegen riesige Gaskugeln.

Wie ist die Erde entstanden?

Es gibt vier Theorien, die alle ähnlich wahrscheinlich sind. Die Erste ist die Nebularhypothese, nach der eine sich drehende Wolke schrumpfte und zur Sonne wurde. Es lösten sich Ringe, die sich zu Planeten und Monden verdichteten. Die Zweite ist die Gezeitentheorie: Ein Stern zog vorüber und riss Materie aus der Sonne. Daraus wurden die Planeten. Die Dritte, die Supernovatheorie, besagt, dass die Sonne einen Begleitstern hatte, der explodierte. Seine Trümmer wurden zu Planeten. Nach der Staub-Wolken-Theorie ballten sich Staubteilchen zu Klumpen zusammen. Mehrere Schwärme dieser Klumpen wurden zu Planeten.

Wer war Johannes Kepler?

Johannes Kepler war ein deutscher Astronom, der von 1571 bis 1630 lebte. Er stellte als Erster ein genaues Modell des Sonnensystems auf. Kepler entdeckte, dass die Planeten auf elliptischen Bahnen um die Sonne kreisen.

Gibt es Außerirdische?

Es ist nicht ausgeschlossen, dass es weitere belebte Planeten gibt, doch nicht in unserem Sonnensystem. Der unserer Sonne am nächsten gelegene Stern, der wieder Planeten haben könnte, liegt aber 40 Billionen Kilometer entfernt. Das ist so weit, dass das schnellste Raumschiff 60000 Jahre unterwegs wäre. Sollte es irgendwo Leben im Weltall geben, so ist es unwahrscheinlich, dass wir die Außerirdischen jemals treffen.

Wie entstehen die Jahreszeiten?

Die Achse der Erde, die sich in fast genau einem Jahr einmal um die Sonne dreht, steht leicht schräg. Deshalb ist immer eine Erdhalbkugel stärker zur Sonne geneigt als die andere. Die Seite, die zur Sonne zeigt, wird jeden Tag länger beschienen. An den Polen geht die Sonne im Sommer sogar nachts nicht unter. Die der Sonne zugewandte Erdseite erhält auch mehr Wärme als die, auf der es gerade Winter ist.

Der Weg der Erde um die Sonne dauert ein Jahr.

Warum bleibt man jung, wenn man am 29. Februar Geburtstag hat?

Die Zeit, in der die Erde einmal die Sonne umkreist, nennt man Sonnenjahr. Es ist genau 365,26 Tage lang, also etwa sechseinviertel Stunden länger als ein Kalenderjahr. Um den Unterschied auszugleichen, wird alle vier Jahre ein Tag angehängt. Jahre mit 366 Tagen nennt man Schaltjahre. Den 29. Februar gibt es nur alle vier Jahre. Weil der Unterschied zwischen Sonnenjahr und Kalenderjahr aber etwas mehr als sechs Stunden beträgt, muss das Schaltjahr manchmal ausfallen. Dann kann jemand, der am 29. Februar Geburtstag hat, erst wieder in acht Jahren feiern!

Warum ist es tagsüber hell?

Die Erde dreht sich einmal in 24 Stunden um sich selbst. Wenn unser Wohnort gerade auf der Sonnenseite der Erde ist, so ist Tag und die Sonne scheint. Mittags steht die Sonne am höchsten, weil wir ihr am nächsten sind. Beim Sonnenuntergang erreichen uns die Sonnenstrahlen nur noch in einem schrägen Winkel und in der Nacht gar nicht mehr.

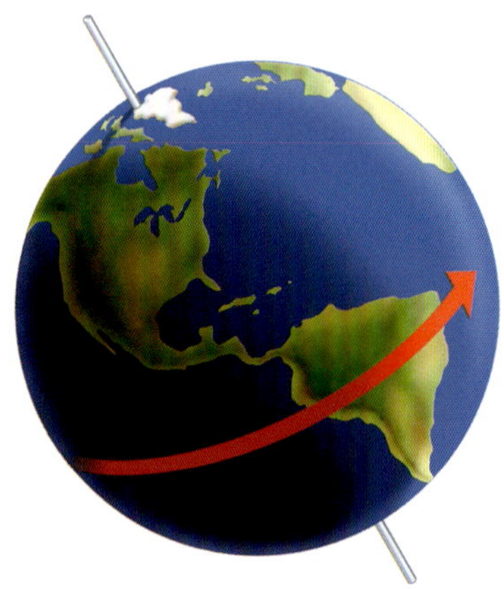

Die Erdachse steht schräg. Auf der der Sonne zugewandten Seite ist es Sommer.

Was sind Sternschnuppen?

Man kann in klaren Nächten manchmal Sternschnuppen sehen. Anders als Sterne flitzen sie mit großer Geschwindigkeit über den Nachthimmel und verglühen. Die meisten Sternschnuppen sieht man im August. Es sind Meteore, kieselsteingroße Felsstücke, die aus dem Weltraum kommen, in die Erdatmosphäre eindringen und durch die Reibung in der Luft verglühen.

Die wichtigsten Instrumentarien für die Sonnenbeobachtung sind heute die beiden Sonden Ulysses und SOHO, die die Sonne umkreisen. Wenn man die Sonne direkt ansehen will, muss man sehr vorsichtig sein, da das Licht den Augen schadet. Man sollte auf jeden Fall einen Sonnenfilter benutzen, z. B. eine Brille mit einer dunklen Folie. Die Sonne kann man auch durch Okularprojektion betrachten, wenn das Okularbild des Teleskops auf eine Leinwand projiziert wird.

Bei einer Sonnenfinsternis verdeckt der Mond die Sonne. Nur ein dünner, heller Ring ist zu sehen: die Korona.

Wie sieht die Oberfläche der Sonne aus?

Die Sonne ist von Blasen bedeckt, die eine etwa doppelt so große Fläche haben wie Deutschland. Diese Blasen brodeln wie Dampfblasen in einem Topf mit kochendem Wasser. Die Sonne besteht jedoch nicht aus Wasser, sondern aus heißem Plasma, einem Gasgemisch.

Wann verschwindet die Sonne am Tag?

Manchmal kommt es vor, dass der Mond von uns aus gesehen direkt vor der Sonne steht. Dann haben wir auf der Erde eine Sonnenfinsternis. Natürlich ist der Mond viel kleiner als die Sonne. Weil er der Erde aber näher ist, genügt sein Umfang, die Sonne ganz zu verdecken. Zuerst sieht man von der Sonne noch eine Sichel, die wie eine Mondsichel aussieht. Diese wird immer kleiner. Dann verschwindet die Sonne ganz. Nur einige Strahlen sind um den Mond herum zu sehen. Die totale Sonnenfinsternis dauert nur einige Minuten. Dann gleitet der Mond weiter und lässt das Sonnenlicht wieder auf die Erde fallen.

Was ist ein Planet?

Ein Planet ist ein Himmelskörper, der einen Stern umkreist. Die Erde ist ein Planet. Sie umkreist einen mittelgroßen Stern, die Sonne.

Was ist so besonders an Stonehenge?

Stonehenge ist ein Bauwerk in Südengland, das in der Zeit zwischen 3100 und 2000 v. Chr. errichtet wurde. Der Kreis von großen, aufrecht stehenden Steinen richtet sich in der Position nach der Sonnenwende und Tagundnachtgleiche. Aus diesem Grunde nimmt man an, dass Stonehenge als Observatorium diente, obwohl die Forschung in diesem Punkt noch nicht abgeschlossen ist.

Was sind Sonnenflecken?

Sonnenflecken sind dunkle Stellen auf der sichtbaren Oberfläche der Sonne. Sie sind kühler und strahlen daher weniger Licht ab als der Rest der Oberfläche.

Haben auch andere Planeten Monde?

Ein Mond ist ein Himmelskörper, der einen Planeten umkreist. Er wird durch die Schwerkraft des Planeten in seiner Umlaufbahn gehalten. In unserem Sonnensystem haben alle Planeten außer Merkur und Venus Monde. Der Saturn hat mindestens 22!

Warum gibt es keinen Mann im Mond?

Wenn man sich den Vollmond genau ansiehst, kann man mit etwas Fantasie einen Mann im Mond erkennen. In Wirklichkeit sind das aber Meteoritenkrater. In den Mond schlagen sehr viele Gesteinsbrocken aus dem Weltall ein, weil er keine schützende Atmosphäre hat. Die fehlende Atmosphäre ist auch der Grund dafür, dass es kein Leben auf dem Mond gibt, weder einen Mann noch Fische oder Flechten.

Wann betrat der erste Mensch den Mond?

Am 20. Juli 1969 betrat mit dem Amerikaner Neil Armstrong der erste Mensch den Mond. 1972 wurde das Apollo-Projekt wegen der hohen Kosten aber wieder eingestellt.

Wem gehört der Mond?

Ein internationales Abkommen, das 1984 in Kraft trat, verbietet es Staaten oder Einzelpersonen, Eigentumsrechte auf dem Mond geltend zu machen. Der Mond gehört also niemandem.

Die größten Mondkrater kann man auch von der Erde aus sehen.

Auf dem Mond gibt es – allen Legenden zum Trotz – kein Leben.

Gibt es auch auf der Erde Meteoritenkrater?

Meteoriten fallen seltener auf die Erde als auf den Mond, denn in der Atmosphäre verglühen die meisten außerirdischen Felsbrocken. Doch hat z. B. ein Fels aus dem All das Nördlinger Ries und das Steinheimer Becken in Baden-Württemberg eingedrückt. Die Erde wurde schon lange nicht mehr von nennenswerten Meteoriten getroffen. Der größte, den man in den letzten hundert Jahren fand, wurde 1920 in Namibia entdeckt. Er wog nur 60 Tonnen.

Warum hat der Mond eine Beule?

Der Mond geriet nach seiner Entstehung in die Nähe der Erde. Weil er kleiner war und somit weniger Schwerkraft hatte, wurde er von der Erde angezogen, begann, sich langsamer zu drehen und bekam durch die Anziehungskraft der Erde auf der der Erde zugewandten Seite eine Beule.

Hat auch die Erde eine Beule?

Die Erde ist unverbeult. Ihr hat kein schwererer Himmelskörper zugesetzt. Aber ganz rund ist sie dennoch nicht. Ihre Pole sind abgeflacht. Dies ist eine Folge der Zentrifugalkraft, die entsteht, wenn sich ein Gegenstand dreht. Die Zentrifugalkraft kann man auch spüren, wenn man ein Sprungseil kreisen lässt.

Im Rahmen des Apollo-Projekts betraten insgesamt zwölf Astronauten den Mond.

Ist die Erde hohl wie ein Fußball?

Nein. Die Erde hat außen eine feste Schicht, die Erdkruste. Darunter befindet sich aber keine Luft, sondern der Erdmantel, der aus flüssigen und festen Gesteinen besteht. Insgesamt ist die Erde aus fünf Schichten aufgebaut: der Erdkruste, dem oberen und unteren Erdmantel und dem äußeren und inneren Erdkern. Dieser Kern besteht zum größten Teil aus Eisen.

Die Erde besteht aus insgesamt fünf Schichten: dem inneren und äußeren Erdkern, dem unteren und oberen Erdmantel sowie der festen, aber sehr dünnen Erdkruste.

Warum kommt man beim Hüpfen wieder auf der Erde auf?

Die große Masse der Erde zieht die im Vergleich dazu kleine Masse eines Menschen an. Diesen Vorgang nennt man Anziehungskraft oder Gravitation. Die Erdanziehungskraft verhindert nicht nur, dass man beim Hüpfen im Himmel verschwindet, sondern garantiert auch, dass die Luft, die wir atmen, als Atmosphäre um die Erde gehüllt bleibt. Will man die Erdatmosphäre mit einer Rakete verlassen, braucht man deshalb einen sehr starken Antrieb.

Was ist Geochemie?

Geochemie ist die Wissenschaft, die sich mit dem chemischen Aufbau der Erde beschäftigt. Sie hat herausgefunden, dass die häufigsten Elemente Eisen, Sauerstoff, Magnesium und Silizium sind. Dabei bestehen große Unterschiede zwischen Erdkruste, -mantel und -kern.

Die Erde hat eine große Anziehungskraft. Raketen und Spaceshuttles benötigen einen starken Antrieb, um sie zu überwinden.

Granit ist ein Stein aus unter der Erdoberfläche kalt gewordenem Magma.

Schmelzen die Steine im Erdmantel?

Unter der Erdkruste ist es so heiß, dass die Steine sich verflüssigen. Das flüssige Gestein im Erdmantel heißt Magma. Die Erdkruste besteht aus erkaltetem Magma, das fest geworden ist.

Wie erforscht man durch Erdbeben den Aufbau der Erde?

Wenn die Erde bebt, so zieht die Erschütterung Kreise. Diese Wellen kann man mit einem Gerät, das man Seismometer nennt, messen. Die Wellen bewegen sich an der Oberfläche mit einer anderen Geschwindigkeit als im Erdinneren. Dadurch kommt man zu Rückschlüssen über den Aufbau der Erde.

Woher weiß man, dass es in der Erde heiß ist?

Wissenschaftler haben immer wieder Löcher in die Erde gebohrt. Sie kamen aber im Vergleich zum Erddurchmesser nicht sehr tief. In Windischeschenbach in Bayern hat man ein neun Kilometer tiefes Loch gebohrt und festgestellt, dass es in dieser Tiefe 270 Grad heiß ist. Das ist heißer als die Temperatur, die man zum Kuchenbacken braucht. Alle 30 Meter nimmt die Temperatur um ein Grad zu. In Russland hat man auf der Halbinsel Kola zwölf Kilometer tief gebohrt. Das ist etwa die halbe Tiefe der Erdkruste. Im Vergleich zum Durchmesser der Erde ist das so, als wenn man in einen Fußball eine Reißzwecke steckt!

Wie weit ist der Erdkern entfernt?

Der innere Erdkern ist 5100 bis 6370 Kilometer von der Erdoberfläche entfernt. Wollte man nur bis zum äußeren Erdkern vorstoßen, müsste man ein Loch von 2900 Kilometern Tiefe bohren. Das ist ungefähr so weit wie von Lissabon nach Stockholm.

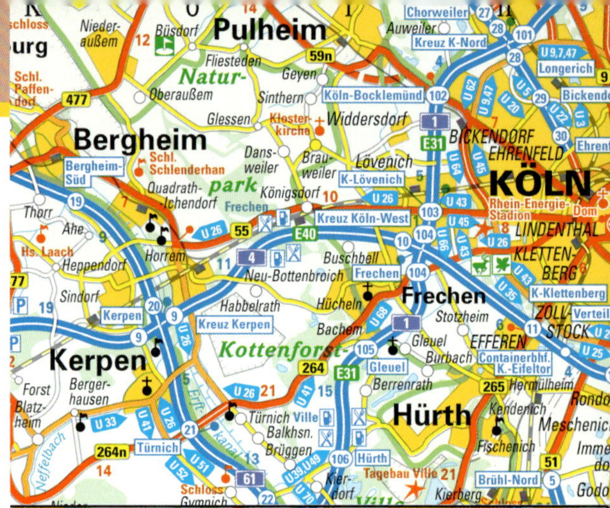

Warum ist es so schwer, die Erde auf einer Karte darzustellen?

Die Erde ist rund. Am besten kann man sie auf einem Globus abbilden: auf einer Karte in Form einer Kugel. Karten sind aber oft flach. Es ist nicht leicht, eine runde Sache auf einer flachen abzubilden. Man kann das leicht mit einem kaputten Wasserball selbst ausprobieren. Auch wenn man ihn zerschneidet, wird es nur mit Mühe gelingen, ihn flach zu drücken. Bei der Herstellung von Landkarten gibt verschiedene so genannte Projektionen. So nennt man die Techniken, die Welt auf einer Karte abzubilden. Aber keine ist wirklich flächen- oder maßstabstreu.

Welchen Maßstab hat die ideale Wanderkarte?

Auf einer Weltkarte mit einem Maßstab von z. B. 1:100000000 entspricht ein Zentimeter in der Karte hundert Millionen Zentimetern oder 1000 Kilometern in der Natur. Auf einer solchen Karte kann man die Erdteile erkennen. Zum Wandern sollte man aber eine Karte mit einem Maßstab von 1:50000 benutzen, zum Radfahren genügt 1:100000.

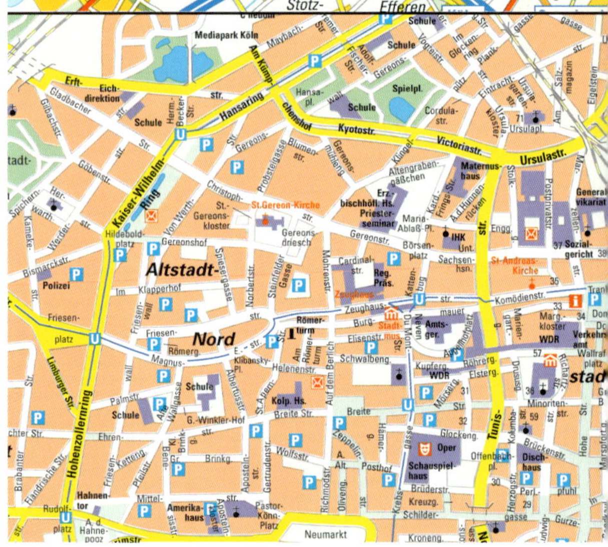

Was bedeutet ein Schirm auf einer Landkarte?

Ein Schirm auf einer Landkarte bedeutet nicht, dass es sich hier um ein Gebiet mit Dauerregen handelt. Kleine Schirme markieren in der Regel Strandbäder.

Landkarten bilden die gekrümmte Erdoberfläche auf einer Ebene ab.

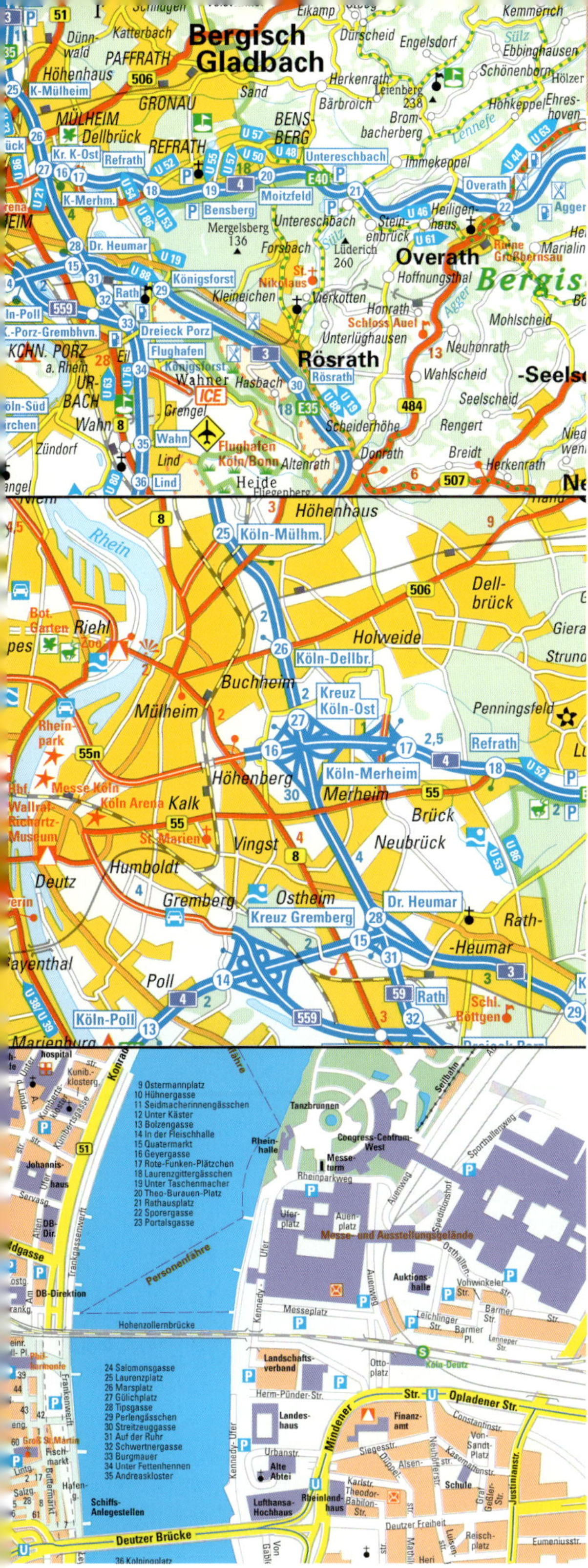

Eine Karte der Stadt Köln in drei verschiedenen Maßstäben: 1:300000, 1:150000 und 1:20000. Je größer der Maßstab ist, desto genauer kann man die Landschaft, die Straßen und sogar die einzelnen Häuser erkennen. Eine Strecke von fünf Zentimetern auf der untersten Karte entspricht einem Kilometer in der Wirklichkeit.

Sollte man sich auf Legenden verlassen?

Das kommt darauf an. Das Wort „Legende" bezeichnet einerseits Geschichten über Heilige und Helden, die zum Teil wahr und zum Teil ausgedacht sind. Legende heißt aber auch der Kasten mit den Erklärungen auf einer Landkarte. Die Legende gibt an, wie ein Bahnhof eingezeichnet ist oder wie Hauptstädte markiert sind.

Wie kann man mit einem Bindfaden die Länge einer Strecke messen?

Wenn man z. B. auf den Schulweg in der Karte einen Bindfaden legt, kann man die Entfernung messen. Ist die Karte im Maßstab 1:100000 angelegt und der Weg nach Bindfadenmessung acht Zentimeter lang, dann beträgt die Strecke 8 mal 100000 Zentimeter, also acht Kilometer.

Was sind Höhenlinien?

Höhenlinien geben an, wie steil ein Berg ist. Geht es langsam bergan, so liegen sie weit auseinander. Sind sie sehr eng zusammen, ist die Felswand fast senkrecht. Alle Punkte auf einer Höhenlinie sind gleich weit vom Meeresspiegel entfernt.

Wie macht man Landkarten?

Früher wurden Karten nach groben Messwerten vor Ort angefertigt. Heute orientieren sich die Kartografen vor allem an Luftaufnahmen oder Fotos, die aus dem All aufgenommen wurden.

Das Satellitenbild des Himalaja mit dem Mount Everest oben links dient den Kartographen als Vorlage für die Erstellung einer Landkarte.

Wie kann man aus Steinen die Geschichte der Erde ablesen?

Während der Erdgeschichte haben sich in Schichten so genannte Sedimentgesteine gebildet. Sie bestehen aus Ablagerungen. Wenn irgendwo auf der Welt ein großer Vulkan ausgebrochen ist, hat er z. B. eine Ascheschicht auf die Erde gelegt, die man heute im Gestein sehen kann.

Was ist Stratigrafie?

Das Lesen der Gesteinsschichten nennt man Stratigrafie. Geologen identifizieren die einzelnen Schichten anhand der Korngröße, der vorkommenden Mineralien und der Farbe. Sie vergleichen die Gesteinsschichten an verschiedenen Stellen der Erde und können so etwas zu ihrer Geschichte sagen. Vom Rand des Grand Canyon überblickt man einen größeren Zeitraum der Erdgeschichte als an einem anderen Ort der Welt. Die Gesteine hier sind etwa 750 bis 225 Millionen Jahre alt.

Was ist eine geologische Säule?

Nach stratigrafischen Untersuchungen können Geologen eine Skala mit der Reihenfolge der verschiedenen Gesteinsschichten der Erdkruste aufstellen. Diese Reihenfolge heißt geologische Säule. Man benennt die verschiedenen Stufen nach Zeitaltern, von denen man im Wesentlichen drei unterscheidet: das Archaikum, das Proterozoikum und das Phanerozoikum, das bis heute reicht.

Wenn der Torf nach unten absinkt, entsteht Braunkohle: Braunkohletagebergbau bei Köln.

An den aufeinander liegenden Gesteinsschichten kann man die Geschichte der Erde ablesen. Torf liegt weit oben, Anthrazit ist in den unteren Schichten.

Oft kann man da, wo Straßen oder Bahnlinien in steile Berghänge gebaut wurden, die verschiedenen Gesteinsschichten erkennen.

Was wurde im Lauf der Zeit zu Stein?

Die Sedimentschichten der Erdkruste kommen auf ganz verschiedene Weise zustande. Kalksteine entstehen da, wo sich die Schalen von Tieren und Pflanzen, vor allem in den Meeren, abgelagert haben. Gips und Steinsalz bildet sich, wo Meere verdunstet sind. Torf und Kohle entwickelt sich aus angehäuften Landpflanzen, die vor langer Zeit wuchsen.

Was ist Petrologie?

Petrologie ist eine Wissenschaft, die zur Geologie gehört. Sie beschäftigt sich mit den Gesteinen. Dazu gehören Erkenntnisse über die Zusammensetzung, die Bildung und die Umwandlungen des Gesteins.

Wie hilft der Straßenbau den Geologen?

An den meisten Stellen ist die Erdkruste bei uns von Bäumen und Wiesen verdeckt. Dort aber, wo sich an einem steilen Hang kein Boden halten kann oder wo sich Flüsse tief eingegraben haben, kann man die Schichtfolgen genau sehen. Viele Wunden fügt der Mensch der Natur zu. Wenn Straßen oder Bahnstrecken gerade durch hügeliges Gelände geschnitten sind, sieht man am Rand die Gesteinsschichten.

War es in der Antarktis immer schon so kalt?

Wenn man die Felsen der Antarktis untersucht, so kann man in den Steinen oft Fossilien eines Samenfarns finden. Die Antarktis befand sich im Perm, vor etwa 250 Millionen Jahren, noch nicht am Südpol. Das Klima war auf diesem Kontinent so warm, dass Pflanzen gedeihen konnten.

Wann hatte Europa Wüstenklima?

Der Sandstein ist in Europa im Perm, also der jüngsten Periode im Erdaltertum vor etwa 290 bis 250 Millionen Jahren, entstanden. Damals herrschte in Europa heißes Wüstenklima. Das erkennt man daran, dass die einzelnen Körner stark abgerundet sind. Sie wurden vom Wind transportiert.

Wie kann man das Alter von Fossilien bestimmen?

Versteinerungen, Fossilien genannt, treten selten alleine auf. Sie befinden sich mit anderen Versteinerungen in einer Schicht. Einige davon sind auf der ganzen Welt verbreitet. Lebewesen haben sich im Laufe der Zeit weiterentwickelt. Aus winzigen, einzelligen Organismen wurden vielzellige Pflanzen und Tiere. Man weiß, dass sich das Leben auf allen Kontinenten in der gleichen Reihenfolge gebildet hat und dass jede Tierart nur einmal im Lauf der Geschichte entstanden, also nicht nach dem Aussterben wieder aufgetreten ist. Wenn man also Gesteinsschichten mit ähnlichen Fossilien findet, nimmt man an, dass sie sich etwa zur selben Zeit geformt haben.

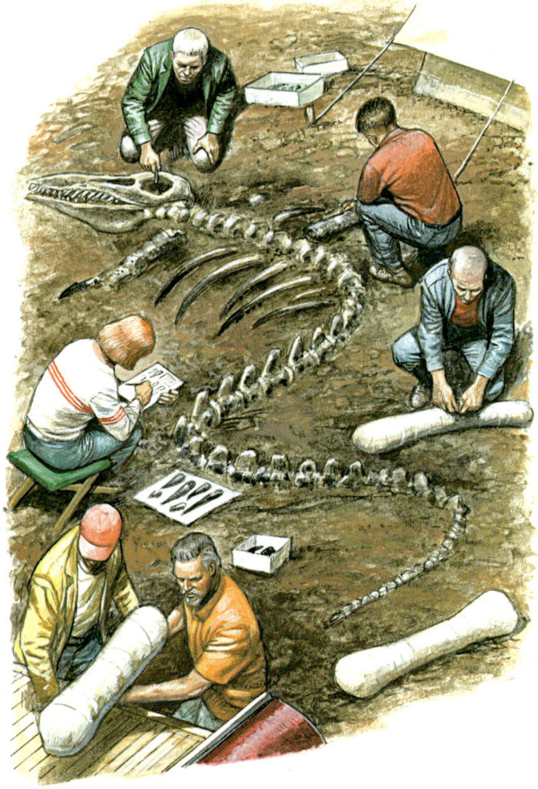

Paläontologen untersuchen die versteinerten Überreste eines Meeresreptils.

Wie wurden Tiere und Pflanzen zu Stein?

Die meisten toten Tiere oder Pflanzen verrotten schnell. Die Knochen oder Hölzer bleiben etwas länger erhalten. Manche Skelette wurden vom Meeresgrund oder dem Grund eines Sees bedeckt. Sie hörten auf zu zerfallen. In sie lagerten sich Minerallösungen ein und machten die Fossilien härter, ließen die Knochen oder das Holz zu Stein werden.

Was ist Paläontologie?

Die Paläontologie ist die Wissenschaft, die sich mit der Entwicklung der Lebewesen und der Lebensumstände in der Erdgeschichte befasst. Die Fossilien sind ein wichtiger Bestandteil für das paläontologische Forschen.

Schädel eines Tyrannosaurus: Fossilien zeigen, wie die Dinosaurier ausgesehen haben.

Welche Fossilien gibt es im Permafrost?

Fossilien können auch durch Gefrieren entstehen. In Sibirien und Alaska, in kalten Gebieten, wo der Boden das ganze Jahr über gefroren ist, hat man vollständige Mammuts und Wollnashörner gefunden.

Was sind fossile Energieträger?

Erdöl, Erdgas und Kohle bezeichnet man als fossile Energieträger, denn sie sind Überreste von Lebewesen aus vorgeschichtlicher Zeit.

Anhand von Leitfossilien kann man das Alter von Gesteinen bestimmen. Wenn das gleiche Fossil in den Gesteinen von verschiedenen Orten der Erde vorkommt, so kann man daraus schließen, dass diese Gesteine ungefähr gleich alt sind. Leitfossilien müssen aber bestimmte Bedingungen erfüllen: Die Tier- oder Pflanzenart darf nur kurze Zeit existiert haben. Sie muss geographisch weit verbreitet gewesen und die Fossilien müssen eindeutig zu bestimmen sein.

Müssen Fossilien aus toten Tieren oder Pflanzen bestehen?

Manchmal handelt es sich bei Fossilien nicht um tote, versteinerte Tiere oder Pflanzen, sondern um deren Abdrücke, die sich mit Minerallösungen gefüllt haben. So sind auch Versteinerungen von Grabgängen, Tierspuren oder Kot entstanden. Im Naturpark Sataplia in Georgien kann man noch heute die Fußabdrücke von Dinosauriern bestaunen.

Wo lebten vor 500 Millionen Jahren viele Tiere?

Landtiere hat es damals noch nicht gegeben. Dafür aber lebten im Meer Unmengen von Tieren. Es gab unter anderem Quallen, Schwämme, Ringelwürmer und Seesterne.

Was sind Trilobiten?

Überreste von Trilobiten gehören zu den wichtigsten Fossilien. Gemeinsam mit vielen anderen Tiergruppen entstanden diese Tiere vor über 545 Millionen Jahren während der so genannten kambrischen Explosion, dem Startschuss der Entwicklung der Tiere. Typisch für sie ist ein großer Kopf und ein flacher Panzer. Sie bewegten sich kriechend oder schwimmend und ernährten sich von Würmern und kleinen Tieren. Manche von ihnen wurden bis zu zwei Meter lang. Sie besaßen große Kopf- und Schwanzschilde. Ihr Rumpfschild, also die Schale am Bauch, änderte sich so, dass sie sich zu großen Kugeln zusammenrollen konnten – so wie heute ihre Verwandten, die Asseln.

Erdgas ist ein fossiler Brennstoff.

Wie lang waren die Zähne eines Tyrannosaurus?

Der Tyrannosaurus hatte bis zu 18 Zentimeter lange Zähne. Aber die Zähne waren verschieden lang, je nachdem, wie alt sie waren. Fiel dem Tyrannosaurus ein Zahn aus, so wuchs an der Stelle ein neuer nach. Der Wechsel der Zähne fand nicht nur einmal im Leben statt, sondern bei Bedarf immer wieder. Da der Tyrannosaurus seine Beute mit dem Maul und den Füßen fing, brach schon mal ein Zahn ab. Doch bei 50 Zähnen waren immer genug Beißwerkzeuge vorhanden.

Was ist ein Kopffüßer?

Kopffüßer ist eigentlich ein Fachbegriff für Wassertiere, die in einer Schale sitzen, die wie ein Schneckenhaus aussieht. Nur der Kopf des Tieres schaut heraus. Ammoniten waren Kopffüßer mit gerollten, flachen, gefurchten Schalen. Anhand ihrer Fossilien kann man die 370 bis 365 Millionen alten Gesteinsschichten bestimmen.

Was war die Kreidezeit?

In der Kreidezeit vor 145 bis 65 Millionen Jahren gab es noch keine Menschen. Aber die weiß abfärbende Kreide ist in der Kreidezeit entstanden. Sie besteht aus Milliarden von Schalen winziger Meeresorganismen. Oft ist diese Schicht so dick, dass sich Kreidefelsen gebildet haben wie etwa auf Rügen.

Welches waren die ersten Säugetiere?

Die ersten Säugetiere haben sich vor etwa 220 Millionen Jahren entwickelt. Sie waren klein und sahen so ähnlich wie Ratten aus. Wahrscheinlich waren sie nur nachts unterwegs.

Wer war Lucy?

1974 fand man in Äthiopien das Skelett eines Menschen, der vor etwa drei Millionen Jahren gelebt hat. Man nannte den Menschen Lucy. Sie konnte aufrecht auf zwei Beinen gehen, war aber nur wenig über einen Meter groß.

Nicht viele Tiergruppen aus der Zeit der Dinosaurier haben überlebt. Krokodile und Kaimane gibt es noch heute.

Die Kreidefelsen auf Rügen entstanden aus den Schalen winziger Mikroorganismen.

Gibt es lebende Fossilien?

Quastenflosser kannten die Paläontologen aus Versteinerungen. Sie haben einen dreilappigen Schwanz. Ihre Flossen sind wie Arme ausgestellt. Sie traten im Zeitalter des Devon auf, etwa vor 400 Millionen Jahren. Lange glaubten die Forscher, dass die Tiere ausgestorben seien. An der südafrikanischen Küste fing 1938 ein Fischer einen lebenden Quastenflosser. Die Tierart ist also ein so genanntes lebendes Fossil. Man hat später weitere Exemplare gefunden und gefilmt.

Welches waren die größten fliegenden Lebewesen?

Die größten fliegenden Tiere waren die Flugechsen im Zeitalter der Dinosaurier. Das Pteranodon ist sicherlich das bekannteste unter ihnen. Seine Flughäute hatten eine Spannweite von acht Metern. Es ernährte sich hauptsächlich von Fischen. Das Pteranodon verschwand zum Ende des Tertiär ebenso wie alle anderen Saurier. Schildkröten und Krokodile überlebten.

Sahen Pferde immer so aus wie heute?

Das älteste gefundene Pferd, das Hyracotherium, war so groß wie ein Hund. Mit der Zeit verlängerten sich die Beine. Ältere Pferdefunde haben vier Zehen, jüngere drei. Heutige Pferde besitzen nur einen Huf. Die Zähne wurden im Lauf der Entwicklung größer und fester und konnten immer härtere Gräser zermalmen.

Alle Tierarten, auch die Pferde, haben sich mit der Zeit verändert und weiterentwickelt.

ERDGESTALT

Die Erde wandelt sich ständig. Viele der Veränderungen bemerken wir Menschen kaum, weil sie sehr langsam vor sich gehen. Durch die Verschiebung der Kontinentalplatten entfernen sich manche Erdteile voneinander, andere dagegen nähern sich einander an. Dabei können sich hohe, schneebedeckte Gebirge oder sehr tiefe Meeresgräben bilden. Andererseits tragen Wasser, Wind und Eis auch das Gestein ab, wodurch die Berge wieder schrumpfen. Manche Vulkanausbrüche und Erdbeben passieren so plötzlich, dass die Menschen und Tiere in der betroffenen Region überrascht werden und enorm große Schäden entstehen.

Hätte man vor 250 Millionen Jahren zu Fuß nach Australien laufen können?

Ja, denn es gab noch kein Australien im heutigen Sinn. Kolumbus hätte vor 75 Millionen Jahren auch kein Schiff benötigt, um Amerika zu entdecken. Es lag gleich bei den Britischen Inseln. Und er hätte auch noch einen Abstecher in die Antarktis machen können, um sich dort unter Palmen von den Strapazen der Reise zu erholen. Vor 250 Millionen Jahren gehörten Australien, Amerika und die Antarktis zum Urkontinent Gondwana. Er brach später auseinander, und die einzelnen Teile drifteten quer über den Globus.

Verschieben sich die Kontinente immer noch?

Kontinente legen in kurzer Zeit zwar keine großen Strecken zurück, doch Europa und Amerika entfernen sich immer weiter voneinander. Die Strecke von München nach New York wird jedes Jahr um 22 Millimeter länger, und Santiago de Chile entfernt sich jährlich sogar um 75 Millimeter. Dafür kommt uns Hongkong jedes Jahr fast einen Zentimeter näher.

Wann stellte man fest, dass die Erde sich verändert?

Schon im 16. Jahrhundert begann man recht exakte Karten der Erde anzufertigen. Die Menschen wunderten sich, dass die Küstenlinien auf beiden Seiten des Atlantiks wie Puzzlestücke ineinander passten. Schon damals begann man sich zu fragen, ob die Kontinente wohl einmal beieinander gelegen hatten.

Heute leben die meisten Beuteltierarten in Australien. Auch der Koala ist ein Beuteltier.

Wo Erdplatten aufeinander treffen, entstehen tiefe Gräben oder hohe Gebirge.

Wer war Alfred Wegener?

Der deutsche Geophysiker Alfred Wegener, der von 1880 bis 1930 lebte, erhärtete die Theorie der Kontinentalverschiebung. Neben den passenden Küstenlinien führte er ähnliche Gesteinsschichten und identische Fossilien auf den unterschiedlichen Erdteilen als Beweise an.

Warum bleiben die Kontinente nicht, wo sie sind?

Unter der festen Erdkruste befindet sich glühendes, flüssiges Magma. Auf dieser glitschigen Schicht flutschen die Landmassen hin und her. Die Erdkruste und der obere Erdmantel bestehen aus einzelnen Platten, die man Lithosphärenplatten nennt. Sie werden durch die Bewegungen im Erdinnern verschoben. Wo zwei Platten aufeinander treffen, schieben sie sich übereinander. Eine Platte wird in die Tiefe gedrückt, die andere faltet sich zu Gebirgen auf. Wo Platten auseinander streben, reißt die Erdkruste. Magma quillt hervor und lässt Gebirge am Meeresboden entstehen.

Wie kam das Gürteltier nach Nordamerika?

Vor zwei bis drei Millionen Jahren gab es Gürteltiere nur in Südamerika. Da sie nicht schwimmen konnten, waren sie zunächst in ihrer Heimat gefangen. Als sich Panama aus dem Meer hob, war ein Landweg nach Nordamerika geschaffen. Das Gürteltier verbreitete sich Richtung Norden.

Warum leben in der Antarktis keine Beuteltiere mehr?

Die Beuteltiere entwickelten sich vor ungefähr 200 Millionen Jahren auf dem Urkontinent Gondwana. Als Gondwana auseinander brach, driftete die heutige Antarktis langsam nach Süden. Das Klima wurde immer kälter, bis die Beuteltiere schließlich erfroren.

Was ist der San-Andreas-Graben?

Einige Erdplatten gleiten in entgegengesetzter Richtung aneinander vorbei. Am San-Andreas-Graben in den USA reiben sich die Pazifische und die Nordamerikanische Platte. Wenn sie sich verhaken, kommt es zu heftigen Erdbeben.

Warum findet man in den Alpen Versteinerungen von Meerestieren?

Die Alpen sind durch das Aufeinanderstoßen zweier Lithosphärenplatten entstanden. Nachdem der Urkontinent auseinander brach, hatte sich zwischen Afrika und Europa ein Ozean gebildet. Er lag dort, wo heute die Alpen sind. In ihm lebten Meerestiere wie Ammoniten. Ihre Schalen lagerten sich auf dem Meeresboden ab. Vor 100 Millionen Jahren schob sich der afrikanische Kontinent nach Norden, und der Ozean verschwand. Die Landmassen falteten sich auf, und es entstanden die Alpen. Die Versteinerungen der Meerestiere wurden nach oben gedrückt und liegen nun in mehreren tausend Meter Höhe.

Das Eis eines Gletschers, wie hier im südamerikanischen Patagonien, führt auch Gesteinsschutt mit sich.

Warum schmilzt der Meeresboden vor Südamerika?

An der Westseite Südamerikas treffen eine ozeanische und eine kontinentale Platte aufeinander. Der Meeresboden des Pazifischen Ozeans schiebt sich unter die südamerikanische Platte, wo er schmilzt, weil die Erde innen sehr heiß ist. Es entsteht flüssiges Magma. Dieses steigt unter der Westküste Südamerikas auf und kommt bei Vulkanausbrüchen an die Oberfläche.

Wie entstehen Gletscher?

Wo im Gebirge Schneemassen im Sommer nicht mehr schmelzen, entstehen Gletscher. Der Schnee verdichtet sich zu Eisströmen und wandert talwärts. Das Eis führt auch Gesteinsschutt mit sich, der als Moräne abgelagert wird.

Oft lösen Skifahrer und Snowboarder im Tiefschnee ungewollt Lawinen aus.

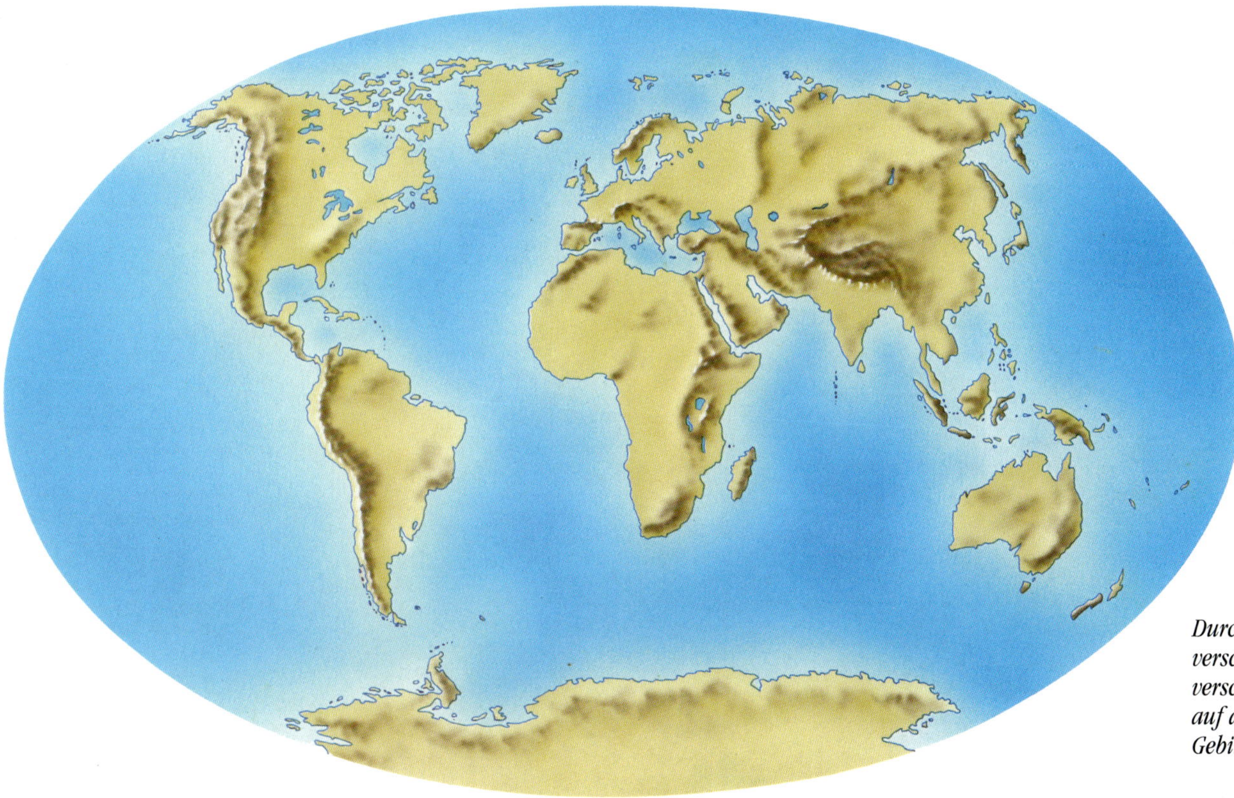

Durch die Kontinentalverschiebung sind an verschiedenen Stellen auf der Erde Gebirge und Gebirgsgürtel entstanden.

Was sind Lawinen?

Wenn es im Gebirge taut oder der Schnee erschüttert wird, kommt der Neuschnee ins Rutschen. Eine Lawine reißt auf dem Weg ins Tal immer mehr Schnee mit sich und kann auch Menschen unter sich begraben.

Kann der Mount Everest in einem Meeresgraben verschwinden?

Der tiefste Meeresgraben ist der Marianengraben. Hier gleitet eine ozeanische Lithosphärenplatte unter eine zweite. Die obere Platte, die philippinische, ist jünger, dünner und nicht ganz so schwer, die untere, die pazifische, taucht ab. Wo die beiden Platten aufeinander treffen, ist ein Graben entstanden. Er ist 10924 Meter tief und könnte den höchsten Berg der Erde, den Mount Everest, verschwinden lassen.

Warum entstehen Wüsten im Windschatten von Gebirgen?

Gebirge sind eine Barriere für die Luft. Auf der Seite, von der feuchter Wind kommt, regnet es besonders häufig. Auf der anderen Seite des Gebirges hat die Luft ihre Feuchtigkeit verloren. Deshalb sind hinter Gebirgen Wüsten entstanden, wie etwa die Mojawewüste in Nordamerika.

Blüht das Edelweiß schon immer in den Alpen?

Das Edelweiß hat sich erst während der letzten Eiszeit in den Alpen verbreitet. Man kann es auch in den Pyrenäen, in den Karpaten und auf dem Balkan finden. Ursprünglich blühte das Edelweiß in der Sibirischen Steppe. Es braucht keine Felsen, um zu gedeihen, allerdings hat es an unzugänglicheren Stellen eine größere Überlebenschance. Das Edelweiß steht auf der roten Liste der vom Aussterben bedrohten Pflanzen. Man darf es auf keinen Fall pflücken.

Woran sieht man, dass Berge altern?

Menschen ärgern sich über Runzeln, wenn sie älter werden. Bei Bergen ist es anders. Sie werden immer niedriger und glatter. Hohe Gebirge sind jünger als niedrige. An allen Bergen nagt der Zahn der Zeit: Wind und Regen schleifen sie ab.

Warum versinkt das Alpenschneehuhn nicht im Schnee?

Tiere, die auf schneebedeckten Bergen leben, müssen dafür sorgen, dass sie nicht im Schnee versinken. Dem Schneehuhn hilft ein Federkranz, der um seinen Fuß wächst. Das Körpergewicht verteilt sich so auf eine größere Fläche, und der Druck verringert sich.

Was sind Fjorde?

Ein Fjord ist ein steiler und schmaler Meeresarm, der weit ins Festland hineinragt. Die Täler wurden einst von Flüssen oder Gletschern gegraben und später von den Wassermassen des steigenden Meeresspiegels überflutet.

Warum liegt der höchste Berg der Welt auf Hawaii?

Der Mount Everest gilt mit 8848 Metern als der höchste Berg der Welt. Eigentlich aber ist der Mauna Kea auf Hawaii der höchste Berg, da er vom Sockel bis zu Spitze 10205 Meter misst. Allerdings ragen davon nur 4200 Meter aus dem Meer.

Die Alpen sind ein relativ junges Gebirge. Hier das berühmte Matterhorn in der Schweiz.

Auf hohen Alpengipfeln – wie hier beim Gorner-gletscher – liegt auch im Sommer Schnee.

Warum haben Menschen und Tiere in den Anden größere Lungen?

Die Luft wird sauerstoffärmer, je höher man kommt. Man muss also mehr Luft einatmen, um den Körper mit dem nötigen Sauerstoff zu versorgen. Wenn ein Flachlandbewohner in den Alpen wandert, kommt er deswegen ins Schnaufen. Bei den Menschen und Tieren in Peru und Chile hat sich der Körper schon an die Höhe angepasst. Auch die Bewohner des Himalaja haben größere Lungen.

Warum liegt auf hohen Bergen Schnee?

Man merkt selbst, dass man auf dem Gipfel eines Berges meist einen warmen Pulli braucht. Mit zunehmender Höhe wird die Luft dünner und kann weniger Wärme speichern. Die Lufttemperatur nimmt im Schnitt pro 1000 Meter Höhe um 6,5 °C ab. Wenn also in 500 Metern Höhe 16 °C herrschen, sind es auf 3000 Meter Höhe nur noch 0 °C. In hohen Gebirgslagen schmilzt der Schnee daher auch im Sommer nicht.

Für wen ist das Bergwandern lebenswichtig?

Gämsen und Steinböcke leben vom Wandern. Im Sommer springen sie in den hohen Regionen über die Steine und suchen ihre Nahrung auf Bergwiesen. Im Winter wird es aber auch diesen Tieren zu kalt. Sie kommen tiefer ins Tal und suchen im Wald Schutz vor den eisigen Winden.

Im Sommer suchen sich die Steinböcke ihre Nahrung auf hoch gelegenen Bergwiesen. Im Winter steigen sie weiter ins Tal.

Was ist ein Vulkan?

Ein Vulkan ist eine Austrittsstelle von flüssigem, festem oder gasförmigem Material aus dem Erdinnern. Vulkane können Felsbrocken, Lava, Wasserdampf oder Schwefelgase ausspeien.

Sind alle Vulkane gefährlich?

Die sanften Vulkane sind ungefährlich. Dünnflüssige Lava blubbert gleichmäßig aus dem Boden, und Menschen und Tiere können sich leicht in Sicherheit bringen. Solche Vulkane gibt es etwa auf Hawaii. Der Ausbruch der hoch explosiven Vulkane ist im Gegensatz dazu nicht berechenbar. Das Magma in ihnen ist zäh. Es erkaltet und wird fest, ehe es aus der Erde austritt. Damit verstopft es den Ausgang des Vulkans. Magma von unten versucht nachzurücken, und plötzlich jagt der Druck den Pfropfen in die Luft. Das Gestein fliegt manchmal bis zu 80 Kilometer hoch. Die Menschen um den Vulkan sind in großer Gefahr.

Welche Vulkantypen gibt es?

Vulkane gibt es in verschiedenen Größen und Formen, abhängig von ihrer geologischen Entstehung. Schildvulkane haben einen breiten und flachen Kegel. Sie entstehen, wenn sich dünnflüssige Lava weit verbreitet, bevor sie erhärtet. Stratovulkane dagegen sind steiler. Sie bestehen aus vielen Lavaschichten, von denen bei jedem Ausbruch eine weitere dazukommt.

Ein Vulkan ist eine Öffnung in der Erdkruste, an der geschmolzenes Gestein aus dem Erdinneren nach außen tritt.

Basalt ist erkaltete Lava: hier ein Wasserfall über Basaltfelsen.

Ein Geysir in Island versprüht Wasser.

Gab es auch in Deutschland Vulkane?

Auch in Deutschland gab es aktive Vulkane. Vor 8000 oder 10000 Jahren entstand auf diese Weise die Eifel. Damals war Deutschland aber noch nicht so dicht besiedelt. Es haben sich höchstens einige Steinzeitmenschen wegen des Krachs und der Glutwolken erschreckt.

Was sind Brotkrustenbomben?

Brotkrustenbomben sind kein von Bäckern hergestelltes Kriegsgerät. Es handelt sich um Lavabrocken, die aus dem Krater eines Vulkans geschleudert werden. Sie drehten sich im Flug oft um die eigene Achse und rundeten sich ab. War ihre Oberfläche im Flug aufgeplatzt, sahen sie entfernt aus wie Bauernbrote.

Wie entstehen Basaltsäulen?

Basalt ist erkaltete Lava. Wenn die Lavaschicht, die aus einem Vulkan austritt, dick ist, so kühlt sie nur langsam ab. Bei der Abkühlung entstehen Risse. Diese spalten den Basalt in gleichmäßige Sechsecke.

Wieso war Europa 1783 so staubig?

Nachdem der Vulkan Laki auf Island im Jahr 1783 ausgebrochen war, lag fast ganz Europa unter einer dünnen Staubschicht.

Was ist ein Geysir?

Geysire sind heiße Quellen mit Wasserfontänen. In fast regelmäßigen Zeitabständen schießt eine heiße Fontäne in die Höhe. Unter der Erde bringt heißes Vulkangestein das Wasser zum Kochen. Das führt zu heißen Quellen. An manchen Stellen wird das Wasser aber in der Tiefe so stark erwärmt, dass es verdampft. Der Dampf steigt auf und drückt über ihm liegendes, kühleres Wasser als Fontäne nach oben. In Island, Mexiko und auf Neuseeland gibt es Geysire. Der berühmteste Geysir in den USA ist der „Old Faithful" – der „alte Verlässliche". Er bricht verlässlich alle 73 Minuten aus. Das Wasser spritzt dann für zwei bis fünf Minuten 40 Meter in die Höhe.

Wie werden Erdbeben ausgelöst?

Erdbeben können Vulkanausbrüche begleiten oder ihren Grund im Einsturz von unterirdischen Hohlräumen haben. Die meisten Erdbeben sind aber so genannte tektonische Beben. Es gibt Stellen, an denen die Erde besonders häufig bebt, so etwa in Japan oder in Kalifornien in den USA. Diese Gebiete liegen an den Rändern von Lithosphärenplatten. Diese bewegen sich auf dem weichen Erdmantel mit etwa konstanter Geschwindigkeit. Den Gesteinen der Erdkruste fällt es aber nicht so leicht, sich zu bewegen. Plötzlich wird die Spannung zu groß, und es fährt ein Ruck durch die Erdkruste. Erdbeben sind also eigentlich eine alltägliche Sache.

Im 18. Jahrhundert wurde Lissabon zu zwei Dritteln von einem Erdbeben zerstört.

Gibt es auch in Deutschland Erdbeben?

Auch in Deutschland kann die Erde beben, doch in den letzten 500 Jahren hat es kein Beben gegeben, das Häuser zerstört und Menschen getötet hat. Gelegentlich kommt es im Hohenzollerngraben in Südwestdeutschland zu leichten Erschütterungen, doch mehr als ein Gläserklirren ist nicht zu hören.

Wie misst man die Stärke eines Erdbebens?

Wissenschaftler vergleichen die Stärke von Erdbeben auf der Richterskala. Unter der Stärke zwei kann man als Mensch das Erdbeben nicht spüren. Es wird nur von empfindlichen Messgeräten, den Seismografen, aufgezeichnet. Bei Stärke vier beginnt das Geschirr im Schrank zu klirren. Bei Stärke sechs kommt es zu Rissen in Mauern, und Ziegel lösen sich von den Dächern. Erdbeben ab Stärke acht haben furchtbare Folgen, falls sie in bewohntem Gebiet stattfinden. Oft entstehen bei Erdbeben auch Brände, weil Gasleitungen zerbrechen und das Gas sich entzündet.

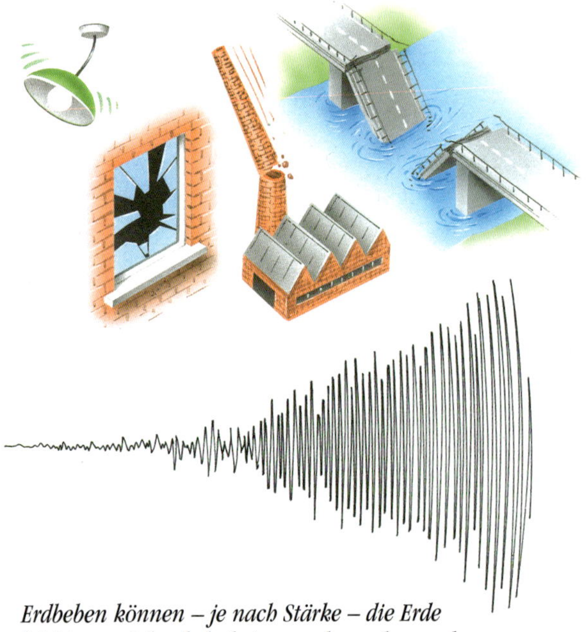

Erdbeben können – je nach Stärke – die Erde leicht zum Schaukeln bringen oder verheerende Schäden anrichten.

Wie verhalten sich Tiere vor einem Erdbeben?

Es scheint, dass Tiere das dumpfe, unterirdische Grollen, das vielen Erdbeben vorausgeht, deutlicher wahrnehmen. Pferde versuchen auszubrechen, Mäuse und Schlangen verlassen ihre Löcher.

Die nach oben offene Richterskala misst die Stärke eines Erdbebens. Jeder Schritt auf der Richterskala bedeutet, dass sich die Energie verzehnfacht. Bisher erreichte das schwerste Erdbeben, das gemessen wurde, den Wert 9,2. Dagegen bewertet die zwölfteilige Mercalliskala ein Erdbeben nach den Schäden, die es anrichtet. Beim Wert 1 bewegt sich das Wasser in einem Glas. Der Wert 12 bedeutet schwere Schäden an der Landschaft und den Gebäuden.

Was muss ich tun, wenn die Erde bebt?

Wenn die Erde zu beben beginnt, sollte man auf keinen Fall vor die Tür des Hauses laufen. Zwischen Häusern kann man am leichtesten von herabfallenden Dachziegeln erschlagen werden. Wenn man draußen ist, sollte man auf eine offene Fläche rennen, wo weder Häuser noch Bäume in der Nähe stehen. Wird man von einem Erdbeben im Haus überrascht, geht man am besten in das kleinste Zimmer der Wohnung, etwa die Toilette. Je näher die Wände beieinander stehen, desto geringer ist die Gefahr, dass die Decke einstürzt. Am sichersten ist man unter einem stabilen Tisch. In Erdbebenregionen sollte man immer genug Lebensmittel zu Hause haben.

Wie viele Erdbeben gibt es?

Wissenschaftler registrieren bis zu 100000 Beben pro Jahr. Doch die meisten von ihnen sind so schwach, dass man sie gar nicht bemerkt!

Was ist ein Erdbebenherd?

Ein Erdbebenherd ist keine Behelfsküche für obdachlose Erdbebenopfer, sondern der unterirdische Ausgangspunkt des Erdbebens. Senkrecht darüber liegt an der Erdoberfläche das Epizentrum. Von diesem gehen die gefährlichen Oberflächenwellen aus, die die Erde ähnlich wie die runden Wellen überziehen, die nach einem Steinwurf in einem Teich entstehen. In der Nähe des Epizentrums ist das Erdbeben besonders heftig.

Schlangen verlassen vor einem Erdbeben ihre Verstecke und Höhlen.

Gab es auch in Europa Erdbebenkatastrophen?

Ja. Am 1. November 1755 wurden zwei Drittel von Lissabon durch ein Erdbeben und eine nachfolgende Flutwelle zerstört. Ein verheerender Brand brach aus. Dabei kamen insgesamt etwa 20000 Menschen ums Leben.

Kann man Erdbeben verhindern?

Nein. In Erdbebengebieten werden Häuser aber auf flexible Fundamente gestellt, die für Erdbebenwellen weniger empfänglich sind und damit den Schaden so gering wie möglich halten.

Gibt es auf der Erde immer gleich viel Gestein?

Die Menge von Gestein auf der Erde kann nicht abnehmen, selbst wenn Wind und Wasser die Gebirge langsam abtragen. Das Gestein verwandelt sich dabei zwar in Geröll und Sand, lagert sich dann aber ab und kann unter Druck wieder fest werden. Im Inneren eines Vulkans oder beim Aufeinandertreffen zweier Lithosphärenplatten kann alles Gestein jedoch so heiß werden, dass es schmilzt.

Welche Arten von Gesteinen gibt es?

Magmatisches oder Erstarrungsgestein entsteht aus Lava bei Vulkanausbrüchen. Sedimentgestein wie Sandstein oder Kalkstein bildet sich aus Ablagerungen. Metamorphe Gesteine wie Marmor oder Schiefer entstehen, wenn bereits vorhandenes Gestein ins Erdinnere gelangt und sich durch Hitze oder Druck verwandelt.

Wie kommt die Flinte zu ihrem Namen?

Flint ist ein anderer Name für Feuerstein. Er wurde im 17. Jahrhundert verwendet, um in Steinschlossgewehren, so genannten Flinten, Funken zu schlagen. Schon die Steinzeitmenschen konnten aus Feuerstein Messer herstellen. Feuerstein ist innen grau oder schwarz und hat außen eine weiße Rinde. Er ist aus den Skelettresten von Kieseltierchen und aus Pflanzen entstanden, also ein Sedimentgestein.

Marmor ist ein metamorphes Gestein.

Quarz ist Bestandteil vieler Gesteine, kommt aber auch als Schmuckstein vor, hier als Amethyst-Druse in einer Achatscheibe. Die Elemente Eisen, Mangan und Titan färben den Kristall violett.

Wie entsteht vulkanisches Glas?

Vulkanisches Glas ist ein Eruptivgestein. Das Gestein entsteht, wenn Lava aus einem Vulkan herausgeschleudert wird. Erstarrt die Lava sehr rasch, so bildet sich vulkanisches Glas. Der Obsidian etwa hat eine glatte und glasige Oberfläche. Man nennt ihn auch Teufelskralle, weil man sich sehr leicht an ihm schneiden kann. Durchsehen kann man aber nur durch ganz dünne Platten. Obsidian ist schwarz, dunkelgrau oder bräunlich.

Woraus waren früher die Schultafeln?

Die Schultafeln wurden früher aus Tonschiefer hergestellt. Auf ihnen kann man mit Kreide leicht schreiben. Schiefer bricht in Platten und ist sehr gut teilbar. Es war daher einfach, die Tafeln herzustellen. Aber wehe, ein Schüler hat einen anderen gegen die Tafel geschubst ... Tonschiefer wurde auch zum Dachdecken benutzt.

Gibt es Zement in der Natur?

Als natürlichen Zement bezeichnet man Stoffe, die sich im Wasser lösen können und zu Stein werden, wenn das Wasser verdunstet. Kalk oder Kieselsäure sind solche Zemente. Wenn sie in Kies oder Schotter einsickern, so entstehen Konglomeratgesteine. Konglomerate kommen an ehemaligen Küsten oder vor Gebirgen vor, wo ein Gletscher Schotter abgelagert hat.

Schiefer bricht in Platten. Man kann das Material deshalb gut zum Dachdecken verwenden.

Gibt es heute noch Menschen, die in Höhlen leben?

Die Menschen in der Steinzeit bewohnten oft Höhlen, denn sie boten ihnen Schutz. In den Höhlen wird es nie zu kalt und nie zu warm. Man kann in ihnen überwintern. Die frühen Menschen nutzten natürliche Höhlen, in denen sie auch Bilder an die Wände malten. Es gibt heute noch Höhlenstädte, wenn auch meist solche, die die Menschen selbst in weichen Stein geschlagen haben. In China z. B. leben 40 Millionen Menschen in unterirdischen Häusern. Die einzelnen Wohnungen kann man über Schächte in der Erde betreten. Die Höhlen in Kappadokien in der Türkei sind als Lagerhallen beliebt. Die gleich bleibende Temperatur und Feuchtigkeit ermöglichen es, Obst und Gemüse lange zu lagern.

Die Region um den französischen Fluss Dordogne ist bekannt für ihre Höhlensysteme. Besonderen Ruhm erlangte die Grotte von Lascaux, in der einige der besterhaltenen Beispiele prähistorischer Höhlenmalerei zu finden sind.

Welches ist die größte Höhle der Erde?

Die Mammuthöhle in den USA ist die größte Höhle der Erde. Sie hat fünf Stockwerke und etwa zwölf Quadratkilometer Fläche.

Was sind Speläologen?

Speläologen sind Höhlenforscher. Manche Leute betreiben Höhlenforschung als Beruf, andere als Hobby. Sie erkunden die Höhle und vermessen sie mit Maßband, Kompass und Neigungsmesser. Dann erstellen sie einen Plan der einzelnen Gänge und Säle. Höhlenforscher müssen gute Bergsteiger und Kletterer sein.

Höhlen entstehen im Kalkstein, wenn das leicht saure Regenwasser den Stein langsam auflöst.

Natürliche Höhlen wie hier in Arizona in den USA bieten Menschen und Tieren Schutz vor Hitze und Kälte.

Kommt der Grottenolm blind auf die Welt?

Der Grottenolm lebt in absoluter Dunkelheit. In den ersten Wochen seines Lebens besitzt er noch Augen und Sehnerven, die sich aber nach 18 Monaten völlig zurückbilden.

Was sind Eishöhlen?

Eishöhlen entstehen, wenn das Schmelzwasser eines Gletschers einen Hohlraum im Felsen ausgewaschen hat. Wenn die Höhle hoch genug liegt, bleibt auch im Sommer die Luft in der Höhle so kalt, dass das Wasser gefriert. Das Wasser, das in die Höhle eindringt, bildet Eiszapfen, die Stalagmiten und Stalaktiten aus Kalk ähnlich sind.

Wie bilden sich natürliche Höhlen?

Höhlen bilden sich besonders häufig in Karstgebieten, also Gebirgen aus Kalkstein. In Deutschland sind das die Schwäbische Alb mit etwa 700 und die Fränkische Alb mit 1200 bekannten Höhlen. Regen ist immer leicht sauer. Wenn die milde Säure in Kalkstein einsickert, löst sie diesen nach und nach auf. Sie lässt ein System von Schächten und Kammern entstehen. In der Höhle können sich Tropfsteine bilden. Wenn das kalkhaltige Wasser von der Decke der Höhle auf den Boden tropft, kommt es zu einer hauchdünnen Kalkschicht. Über die Jahrtausende entstehen an der Decke Stalaktiten, auf dem Boden Stalagmiten.

Warum fliegen Fledermäuse im Dunkeln nicht gegen die Wand?

Die Fledermaus hat praktisch ein eigenes Radargerät im Körper. Sie sendet Töne aus, die höher sind, als diejenigen, die der Mensch wahrnehmen kann. Fledermäuse haben aber so gute Ohren, dass sie das Echo hören und erkennen können, wie weit ein Hindernis entfernt ist.

Wer nagt denn da am Berg?

Das Wort „Erosion" kommt von dem lateinischen Wort „erodere", was übersetzt „ausnagen" bedeutet. Wenn ein Berg über viele Millionen Jahre immer kleiner wird oder ein Tal immer tiefer, dann spricht man von Erosion. Verantwortlich dafür sind Wasser, Wind und Eis.

Wann werden die Alpen abgetragen sein?

Das kann man noch gar nicht vorhersagen, da die Alpen ein sehr junges Gebirge sind, das immer noch wächst. Die Erosionskräfte sind in diesem Bereich also kleiner als die Kräfte, die die Alpen wachsen lassen.

Kann man Erosion beobachten?

Ein Mensch wird sicher nie sehen, wie ein ganzer Berg abgetragen wird. Dafür arbeiten Wasser, Wind und Eis viel zu langsam. Aber wenn man an einem Fluss einen Kieselstein sieht, ist es sehr wahrscheinlich, dass er von der Strömung aus dem Gebirge mitgebracht wurde.

Ist Erosion überall gleich?

Nein. Nur dort, wo es viel und häufig regnet, bestehen gute Voraussetzungen für eine Abtragung. Aber auch dort, wo Gletscher, Meeresbrandung oder starker Wind vorkommen, wird viel Gestein abgetragen.

Dieser Tuffsteinhang wurde durch die Erosionskräfte schon zu einem großen Teil abgetragen.

Im Grand Canyon in den USA lagern abwechselnd harte und weiche Gesteinsschichten übereinander.

Wie kommen die Treppen in den Grand Canyon?

Die Wirkung der Erosion ist auch abhängig von der Härte des Gesteins. Im Grand Canyon lagern abwechselnd harte und weiche Gesteinsschichten übereinander, die der Abtragung mehr oder weniger Widerstand leisten. Deshalb sehen die Talhänge wie Treppen aus.

Wo ist die Abtragung gering?

Die Abtragung wird vermindert, wenn der Boden von Pflanzen geschützt ist. In Mitteleuropa gibt es trotz häufiger Regenfälle keine besonders große Abtragung, da hier eine relativ dichte Vegetation besteht.

Wie lange hält die „Lange Anna"?

Die „Lange Anna" ist ein hoher, schmaler Felsturm vor der Küste Helgolands. Die Meeresbrandung erschafft solche natürlichen Kunstwerke. Die „Lange Anna" ist durch künstliche Betonbarrieren gestützt, damit die Touristen sie noch lange bewundern können.

Ist ein Pilzfelsen ein versteinerter Pilz?

Ein Pilzfelsen sieht wie ein riesiger Champignon aus, besteht aber aus normalem Gestein. In der Wüste werden solche Felsen vom Wind gebildet, der Sand mit sich führt und den Stein dadurch abschmirgelt.

Die Abtragung durch Wind und Sand hat dem Felsen seine auffällige Form gegeben.

Wie sieht das Ergebnis der Erosion aus?

Wenn man schon einmal im Sandkasten gespielt oder am Strand eine Sandburg gebaut hat, dann hat man das Ergebnis der Erosion in den Händen gehabt: Es ist Sand.

Wie schnell wandern Dünen?

Eine Düne ist ein Sandhügel, der durch den Wind entstanden ist. Manche Dünen werden sehr groß, wie die zurzeit 137 Meter hohe Dune du Pylat in Frankreich. Wenn die Dünen nicht durch Pflanzenbewuchs ausreichend verankert sind, fangen sie an zu wandern: Der Wind trägt ständig Sandkörner mit sich und verändert die Lage der Düne. Sanddünen können sich deshalb zehn bis 20 Meter im Jahr bewegen, wobei die Geschwindigkeit von der Windstärke und der Größe der Dünen abhängig ist. Große Dünen bewegen sich langsamer als kleine, da bei den großen Hügeln mehr Sand umgelagert werden muss.

Braucht man Dynamit für eine Hitzesprengung?

Nein. Dafür genügt große Hitze am Tag und extreme Kälte in der Nacht, wie es z. B. in der Sahara der Fall ist. Diese Temperaturschwankungen zerkleinern auf Dauer die Steine. Das dabei entstandene Feinmaterial wird dann meist vom Wind abgetragen.

Die Wurzeln der Bäume drücken sich durch das Felsgestein und verhindern somit die Erosion.

Der Wind verändert ständig die Lage einer Sanddüne.

Schweine werden oft mit Futtermais gemästet. Doch diese Pflanze lässt den Boden relativ ungeschützt, sodass fruchtbare Erde weggespült wird.

Kann auch Eis Gestein abtragen?

Eis in Form von Gletschern hat durchaus die Kraft, Gestein abzutragen. Das mitgeführte Material wird dann viele Kilometer weit entfernt wieder abgelagert. Wenn sich die Gletscher zurückgezogen haben und das Klima wärmer geworden ist, entsteht eine hügelige Landschaft, in der sich Seen, Wälder und Grasland abwechseln.

Wie erkennt man ein Tal, das von einem Gletscher geformt wurde?

Gletscher benutzen für ihre Bewegung meist vorhandene Flusstäler, die sie aber neu formen. Ein solches Tal hat steile Hänge und einen muldenförmigen Talboden. Es sieht aus wie ein großes U und heißt deshalb auch U-Tal. Eine andere Bezeichnung ist Trogtal, weil die Form auch an einen überdimensionalen Futtertrog erinnert.

Was hat ein Schweineschnitzel mit der Erosion zu tun?

Schweine werden zum Großteil mit Futtermais gemästet. Diese Pflanze lässt jedoch den Ackerboden relativ ungeschützt. Besonders bei starken Regenfällen wird deshalb viel fruchtbare Erde weggeschwemmt.

Gibt es Bodenerosion auch in anderen Ländern?

Bodenerosion ist weltweit ein großes Problem. Oft sind die Ursachen der Ackerbau und die Viehzucht der Menschen. Wenn die Bevölkerung wächst, versuchen die Leute entweder in andere Gebiete auszuweichen oder die Landwirtschaft im bisherigen Lebensraum zu intensivieren. In beiden Fällen wird die Natur überfordert. So wurden in Nordamerika tiefe Rinnen in die Böden gerissen. In Afrika und Asien wird der Boden weggespült oder vom Wind abgetragen.

Wie kann der Mensch die Bodenerosion verhindern?

Die Erosion an Hängen versucht man gering zu halten, indem man die Äcker parallel zu den Höhenlinien pflügt. In trockenen Gebieten sollte man die Tiere im Stall halten und mit geschnittenem Gras füttern. Allerdings kann man die Erosion nicht ganz vermeiden.

ATMOSPHÄRE

Die Atmosphäre ist die Lufthülle, die Planeten umgibt. Meistens meint man, wenn man von Atmosphäre spricht, die Erdatmosphäre. Schließlich war noch kein Mensch jemals auf einem anderen Planeten. Die Atmosphäre schützt die Erde vor Strahlung und vor Meteoriten aus dem Weltraum. Außerdem stellt sie die für das Leben auf der Erde wichtigen Gase zur Verfügung: Sauerstoff für Tiere und Menschen, Kohlendioxid für Pflanzen. Darüber hinaus spielt sich in der Atmosphäre das ganze Wettergeschehen ab. Sie ist damit für das Leben auf der Erde unverzichtbar, und viele Menschen bemühen sich daher, die Atmosphäre zu schützen.

Wie ist die Atmosphäre aufgebaut?

Die Atmosphäre besteht aus mehreren Schichten, die auch Sphären genannt werden. Die unterste Schicht ist die Troposphäre. Sie reicht an den Polen bis in acht Kilometer Höhe und in den Tropen bis in 17 Kilometer. Darüber liegt die Stratosphäre, die bis in 50 Kilometer Höhe reicht. Danach folgt die Mesosphäre bis in 80 Kilometer Höhe und darüber die Thermosphäre, die bei etwa 400 Kilometern endet. Die äußerste Schicht ist die Exosphäre, in der die Atmosphäre in den luftleeren Weltraum übergeht.

Wie kalt ist es in der Atmosphäre?

Am oberen Ende der Troposphäre beträgt die Lufttemperatur nur noch -60 °C. Das setzt sich aber nicht in der gesamten Atmosphäre so fort. So steigt zunächst in der Stratosphäre die Temperatur wieder auf 0 °C. Die Mesosphäre ist eine Schicht, in der die Temperatur wieder sinkt, bevor sie in der Thermosphäre auf über 2000 °C steigen kann.

Wo wird das Wetter gemacht?

Die Wetterküche der Atmosphäre ist die Troposphäre. Fast alles Wasser der Atmosphäre befindet sich als Wasserdampf oder Wolken in dieser untersten Schicht der Atmosphäre. Hier kommt es zu senkrechten und waagerechten Luftbewegungen, die als Winde Regen oder Trockenheit bringen.

Unsere Erde ist von einer dünnen Atmosphäre umhüllt, die aus mehreren Schichten besteht. Von unten nach oben heißen die Schichten: Troposphäre, Stratosphäre, Mesosphäre, Thermosphäre, Exosphäre.

Fast alles Wasser der Atmosphäre befindet sich als Wasserdampf oder Wolken in der Troposphäre, der untersten Schicht der Atmosphäre. Darüber erstreckt sich die Stratosphäre mit der schützenden Ozonschicht.

Wie viel des gesamten Wassers der Erde ist in der Atmosphäre?

Am besten macht man sich das mit einem Vergleich klar. Angenommen, ein Päckchen Zucker von einem Kilogramm steht für das gesamte Gewicht des Wassers auf der Erde. 972 Gramm befinden sich in den Ozeanen. 21,50 Gramm sind Eismassen. Bleiben noch 6,50 Gramm – das ist etwa ein Teelöffel. Davon sind 6,20 Gramm Grundwasser. Von den restlichen 0,30 Gramm sind 0,28 Gramm in Seen und Flüssen gespeichert. Nur 0,02 Gramm befinden sich als Wolken oder Wasserdampf in der Atmosphäre. Das entspricht einer kleinen Messerspitze!

Aus welchen Gasen setzt sich Luft zusammen?

Die Luftmassen der Troposphäre bestehen aus den Gasen Sauerstoff, Stickstoff, Argon, Kohlendioxid und weiteren Gasen. Tiere und Menschen benötigen Gas zum Atmen. Beim Ausatmen wird Kohlendioxid ausgestoßen. Pflanzen brauchen Kohlendioxid, um wachsen zu können, und sie erzeugen dabei Sauerstoff. Somit ergänzen sich die Lebewesen der Erde perfekt.

Welche Schicht der Atmosphäre schützt deine Haut?

Die Ozonschicht in der unteren Stratosphäre ist ein wichtiger Schutzschild – Ozon ist eine bestimmte Form des Sauerstoffs. Diese Schicht in 15 bis 55 Kilometern Höhe fängt den größten Teil der ultravioletten Sonnenstrahlung auf.

Hat die Erde noch andere Schutzschilde?

Das Magnetfeld der Erde erzeugt die Magnetosphäre, die über die Atmosphäre hinausreicht und die Erde vor der gefährlichen Ionisationsstrahlung der Sonne schützt. Außerdem reflektieren die Wolken die kurzwelligen Strahlungen.

Bis in welche Höhe steigen Wetterballons?

Wetterballons, die mit Messgeräten ausgestattet sind und Temperatur, Luftdruck, Windgeschwindigkeit und andere Werte messen, können bis zu 30 Kilometer aufsteigen, bei guter Witterung auch bis 50 Kilometer.

Welche Farbe hat Luft?

Luft ist ein farbloses Gasgemisch. Man kann die Luft nicht sehen. Manchmal kann man aber die vielen Staubpartikel sehen, die es in der Luft gibt.

Wie entsteht das Polarlicht?

Polarlichter gibt es im nördlichen und im südlichen Polargebiet (Nordlicht bzw. Südlicht). Sie entstehen durch geladene Teilchen, die aus dem Weltraum kommen und zu den Polen abgelenkt werden. Auf ihrem Weg bringen sie die Gase der Atmosphäre zum Leuchten. Meistens sind Polarlichter grünlich und bläulich gefärbt und sehen aus wie ein welliger Vorhang am Himmel.

Polarlichter entstehen durch geladene Teilchen aus dem Weltraum.

In welcher Höhe bilden sich Polarlichter?

Polarlichter entstehen in den oberen Schichten der Atmosphäre in 100 bis 1000 Kilometern Höhe. In Nordskandinavien kann man sie gut beobachten.

Entsteht das Abendrot auch durch kleine Teilchen aus dem Weltraum?

Nein, das Abendrot kommt durch die so genannte Brechung der Sonnenstrahlen zustande. Die Sonne steht beim Sonnenuntergang sehr tief. Entsprechend länger ist der Weg der Sonnenstrahlen zu einem Beobachter, der einen Sonnenuntergang erlebt. Auf diesem Weg werden die kurzwelligen blauen und grünen Anteile des Sonnenlichts herausgefiltert. Die langwelligen roten und gelben Anteile überwiegen für den Betrachter. Er sieht ein Abendrot in orangeroten Farben.

Das Abendrot kommt zustande durch Brechung der Sonnenstrahlen auf dem Weg durch die Atmosphäre .

Wo fliegen Satelliten?

Manche Wettersatelliten, wie ESSA, wandern in einer Entfernung von 800 bis 1500 Kilometern um die Erde. Andere Wettersatelliten und die Nachrichtensatelliten haben eine Flughöhe von 30000 bis 40000 Kilometern. In dieser Höhe ist die Erdanziehungskraft ebenso groß wie die Kraft, die die Satelliten nach außen in den Weltraum zieht. Dadurch scheinen sie von der Erdoberfläche aus gesehen stillzustehen. Solch eine Position nennt man geostationär.

Joseph Kittinger stürzte sich nicht aus reinem Vergnügen aus einer Höhe von 31 Kilometern. Es war ein Test der amerikanischen Luftwaffe, die überprüfen wollte, ob sich Piloten aus großen Höhen mittels eines Fallschirms retten können. Der Versuch war geglückt, doch hätte Kittinger bei diesem Flug beinahe seine Hand verloren, da ein Handschuh nicht völlig dicht war. Während des freien Falls erreichte er eine Höchstgeschwindigkeit von 988 Stundenkilometern.

Kann man Satelliten von der Erde aus sehen?

Es ist schwer, einen Satelliten mit bloßem Auge von der Erde aus zu beobachten, aber möglich ist es. Allerdings sollte man sich in einem hoch gelegenen Gebiet befinden, in dem ein trockenes Klima herrscht. Von Sternschnuppen unterscheiden sich Satelliten dadurch, dass sie nicht verglühen und langsamer fliegen. Man kann sie auch nicht mit Flugzeugen verwechseln, weil sie schneller sind als diese und nicht blinken.

In welcher Höhe fliegen Passagierflugzeuge?

Die großen Düsenflugzeuge, mit denen die Menschen in den Urlaub reisen, fliegen meist in einer Höhe von zehn bis 20 Kilometern. Dadurch befinden sie sich über der unruhigen Troposphäre. Das hat den Vorteil, dass den Leuten nicht so schnell übel wird.

Warum kann man mit einem Heißluftballon nicht fliegen?

Ein Heißluftballon bewegt sich immer nur mit derselben Geschwindigkeit wie die Luftströmung, in der er sich befindet. Man spricht daher nicht von fliegen, sondern von fahren. Übrigens: Heißluftballons waren die ersten Luftfahrzeuge überhaupt. Am 21.11.1783 fand in Paris die erste erfolgreiche Fahrt mit einem Heißluftballon, der Montgolfiere, statt.

Ein Heißluftballon fährt immer mit der Luftströmung.

Aus welcher Höhe fand der höchste Fallschirmsprung eines Menschen statt?

1960 stürzte sich der Amerikaner Joseph Kittinger aus einer Gondel eines mit Helium gefüllten Ballons. Er befand sich dabei 31 Kilometer über dem Erdboden, also in der Stratosphäre. Bis heute hat niemand diese Rekordmarke überboten.

Welches Tier hält den Höhenflugrekord?

Die asiatische Streifengans ist die Rekordhalterin im Tierreich, wenn es um Flughöhe geht. Sie brütet in Mittelasien, überwintert aber in Indien. Um von ihren Brutgebieten in den Süden zu kommen, muss die Streifengans also den Himalaja überwinden. Dabei erreicht sie Flughöhen von bis zu acht Kilometern.

Was ist Klima?

Klima ist der charakteristische Zustand der Atmosphäre nahe der Erdoberfläche in einer bestimmten Region. Um das Klima zu ermitteln, misst man über mehrere Jahrzehnte Lufttemperatur, Niederschlagsmenge, Windstärke und andere Werte. Wenn man diese Daten ermittelt hat, kann man in etwa wissen, in welchen Monaten das Gebiet für einen Badeurlaub geeignet ist. Man kann aber nicht voraussagen, wie das Wetter dort an jedem dieser Urlaubstage sein wird.

Wie misst man die Lufttemperatur?

Mit einem Thermometer. Damit aber die Messung nicht durch direkte Sonneneinstrahlung oder die erwärmende Wirkung von Boden oder Hauswänden verfälscht wird, wird das Thermometer an einem schattigen Ort in 1,2 bis 2 Metern Höhe angebracht.

Warum ist es am Äquator wärmer als in den Polargebieten?

Ursache ist die Kugelform der Erde. Die Sonnenstrahlen treffen am Äquator immer sehr steil auf die Erdoberfläche auf, in den Polargebieten dagegen sehr flach. Die Wärmeenergie der Sonne verteilt sich am Äquator auf eine kleinere Fläche als in den Polargebieten. An den Polen muss die gleiche Menge an Sonnenenergie eine viel größere Fläche erwärmen. Aus diesem Grund ist es dort wesentlich kälter.

Weil Amsterdam so nah am Meer liegt, herrscht in der Stadt ein maritimes Klima.

Karawane entlang einer Sandpiste in der Sahara: Hier in Nordafrika wurde mit 58 °C die höchste Temperatur überhaupt gemessen.

Wie viele unterschiedliche Klimata gibt es auf der Erde?

Die vier großen Klimagruppen sind – vom Äquator ausgehend und zu den Polen reichend – die Tropen, die Subtropen, die Mittelbreiten und die Polarregionen. Innerhalb dieser Gruppen wird nochmals nach Niederschlag, jahreszeitlicher Verteilung des Niederschlags und anderen Größen unterschieden.

Warum schneit es in Berlin häufiger als in Amsterdam?

Obwohl die beiden Städte gleich weit vom Nordpol entfernt liegen, schneit es in Berlin öfter. Der Grund dafür ist, dass Amsterdam näher am Meer liegt. Dieses Klima wird „maritim" genannt. Als „kontinental" bezeichnet man dagegen ein Klima mit heißen Sommern und kalten Wintern.

Welches ist das kälteste Klima der Welt?

Auf Grönland und in der Antarktis herrscht das Eisklima. Dort steigt die Temperatur im kurzen Sommer nur wenig oder gar nicht über 0 °C. In der Antarktis wurde auch die tiefste Temperatur überhaupt gemessen: -89 °C.

Wo wurde die höchste Temperatur gemessen?

Mit 58 °C wurde die höchste Temperatur im nordafrikanischen Libyen am Rand der Sahara gemessen. Wer einmal dorthin reisen sollte, muss auf jeden Fall einen Sonnenhut und viel Trinkwasser mitnehmen.

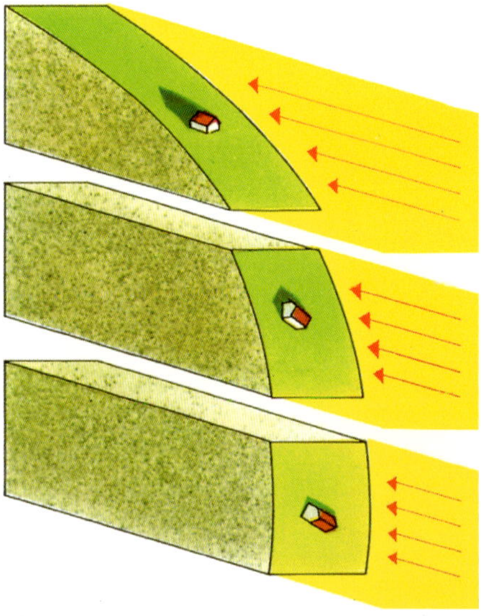

Die Sonnenstrahlen treffen am Äquator immer fast senkrecht auf die Erdoberfläche auf, in den Polargebieten dagegen nur sehr flach.

Woraus bestehen Wolken?

Wolken setzen sich aus sehr kleinen Wassertröpfchen und Eiskristallen zusammen. Es gibt reine Wassertröpfchenwolken, reine Eiskristallwolken und Mischwolken. Die tiefer hängenden Wolken bestehen in der Regel nur aus Wassertröpfchen, die weit oben wandernden aus Eiskristallen.

Wie bilden sich Wolken?

Wolken entstehen, wenn Luft aufsteigt. Beim Aufsteigen kühlt sich die Luft ab. Das führt dazu, dass das Wasser, das als unsichtbarer Wasserdampf in der Luft ist, zu kleinen Wassertröpfchen wird. Diesen Vorgang nennt man Kondensation.

Bringen alle Wolken Regen?

Nein, viele Wolken lösen sich auf, bevor sie Regen oder Schnee bringen. Dabei werden die Wassertröpfchen und Eiskristalle wieder zu gasförmigem Wasserdampf. Das nennt man dann Verdunstung. Diesen Vorgang kann man auch beobachten, wenn nach einem Sommerregen die Pfützen auf der Straße langsam verschwinden.

Reichen Wolkenkratzer wirklich bis zu den Wolken?

Manche Regenwolke hängt so tief, dass die Spitze eines Wolkenkratzers von 500 Metern Höhe darin verschwinden kann. Kein menschliches Bauwerk kommt aber bis an die Obergrenze der Wolken, die bei etwa 15 Kilometern Höhe liegt.

Ein Gewitterblitz zuckt über den Himmel! Durch elektrische Entladung wird enorm viel Energie freigesetzt.

Die Schäfchenwolken gehören zu den Haufenwolken: Am strahlend blauen Himmel verheißen sie meist gutes Wetter.

Federwolken, die so genannten Cirren, bilden sich in großer Höhe am Himmel.

Welche Wolkenarten gibt es?

Grundsätzlich unterscheidet man zwischen Schichtwolken (Stratuswolken) und Haufenwolken (Cumuluswolken). Schichtwolken bilden geschlossene Wolkendecken, während bei Haufenwolken einzelne Wolken zu unterscheiden sind.

Zu welcher Wolkenart gehören die Schäfchenwolken?

Schäfchenwolken gehören zu den Haufenwolken. Die einzelnen Wolken sind deutlich zu erkennen. Manche sehen wie Wattebäusche oder Schafe aus. Der Volksmund nennt diese Wolken auch Schönwetterwolken, da sie auf gutes Wetter schließen lassen.

Was wird auf einem „Gewitteramboss" geschmiedet?

Als „Gewitteramboss" werden weit in den Himmel aufragende Gewitterwolken bezeichnet, deren oberes Ende abgeflacht ist und die daher wie ein Amboss aussehen. Sie sind die höchsten Wolken, die es gibt. In Mitteleuropa erreichen sie Höhen von sechs bis zwölf Kilometern, am Äquator bis zu 18 Kilometer. Auf den Wolken wird natürlich nichts geschmiedet, aber in ihnen können sich starke Gewitter zusammenbrauen.

Wie entstehen Blitz und Donner?

In einer Gewitterwolke gibt es durch die Reibung der Wassertröpfchen und Eiskristalle eine elektrische Ladung. Der obere Teil der Wolke wird positiv geladen, der untere negativ. Wenn die Aufladung eine bestimmte Grenze erreicht hat, kommt es zur Entladung: Ein Blitz zuckt über den Himmel. Die freigesetzte Energie erwärmt die umgebende Luft in Sekundenbruchteilen. Die Luft dehnt sich mit Überschallgeschwindigkeit aus, was das Donnern verursacht.

Wie entsteht Regen?

Regen entsteht, wenn sich die winzigen Wassertröpfchen in einer Wolke zu immer größeren Tropfen vereinigen. Irgendwann sind die Tropfen so groß, dass die Luft sie nicht mehr tragen kann. Sie fallen als Regentropfen zur Erde.

Wie wird die Regenmenge gemessen?

Um zu messen, wie viel es an einem Ort regnet, fängt man die Niederschläge auf und leitet sie in einen Behälter. Die Höhe des Niederschlags wird dann in Millimetern angegeben. In Essen z. B. fallen durchschnittlich 829 Millimeter Niederschlag im Jahr.

Wo regnet es am meisten?

Als Rekordhalter gilt eine Messstation auf dem Gipfel des Wai-ale-ali auf Kauai, einer Hawaii-Insel. Im Durchschnitt fallen dort 15000 Millimeter Niederschlag im Jahr. Das sind 15 Meter!

Was ist Tau?

Tau entsteht in der Nacht. Die Luft kühlt sich dann ab, der in ihr enthaltene Wasserdampf kondensiert an den kalten Oberflächen der Pflanzen und auf dem Boden. Wenn man früh morgens nach draußen geht, kann man Tau z. B. in Spinnennetzen sehen. Er verdunstet aber sehr schnell wieder.

Nach einer kühlen Nacht hängt Tau in den Spinnennetzen.

Regentropfen prasseln auf die Erde.

Kann man Nebel fangen?

Nebel selbst kann man nicht fangen, denn er besteht wie Wolken aus feinsten Wassertröpfchen. Aber die Tröpfchen werden in trockenen Gebieten, in denen Nebel häufig auftritt, tatsächlich eingesammelt. Man hängt dazu Netze auf, an die sich die Tröpfchen anlagern. An der südamerikanischen Pazifikküste gewinnt man auf diese Weise etwas Wasser, das man zur Bewässerung der Felder verwendet.

Wie entsteht Hagel?

Hagel entsteht in hohen Cumulonimbuswolken. Kleine Eiskristalle werden von den Luftströmungen in der Wolke nach oben gerissen. Dabei lagern sich wie bei einer Zwiebel immer mehr Eisringe um diese Teilchen. Irgendwann sind die Hagelkörner zu schwer, sie fallen zu Boden. Hagelschauer sind vor allem bei Landwirten gefürchtet, da sie enorm große Schäden anrichten können.

Wie groß können Hagelkörner werden?

Bei uns in Deutschland sind Hagelkörner meist nicht größer als Murmeln. In Bangladesch, einem Staat in Asien, wurden aber schon Hagelkörner beobachtet, die so groß wie eine Männerfaust waren und ein Kilogramm wogen.

Nebel besteht aus feinsten Wassertröpfchen.

Woraus besteht eine Schneeflocke?

Schneeflocken setzen sich aus sehr feinen Eiskristallen zusammen, die aneinander gewachsen sind. Wenn sie zu schwer werden, fallen sie als Schnee zu Boden. Oft tauen sie aber auf, bevor sie die Erde erreichen. Dann kommen die Schneeflocken bei uns als Regentropfen an.

Warum gibt es eigentlich Winde?

Winde sind Luftströmungen, die zwischen Gebieten mit hohem und Gebieten mit niedrigem Luftdruck entstehen. Als Luftdruck wird das Gewicht der Luft an einem bestimmten Ort bezeichnet. Dieses Gewicht ist nicht überall gleich groß. Winde versuchen, diese Druckunterschiede auszugleichen, und wehen vom Hoch- zum Tiefdruckgebiet. Am Äquator z. B. wird die Luft am stärksten erhitzt. Sie dehnt sich aus und wird „dünner", der Luftdruck sinkt. Luft aus Gebieten mit höherem Luftdruck strömt nach.

Wie schnell sind Winde?

Die höchste Windgeschwindigkeit, die je auf der Erde gemessen wurde, betrug 371 Stundenkilometer. Das entspricht in etwa der Höchstgeschwindigkeit bei Formel-1-Rennen. In der Regel sind die Winde viel langsamer. Sie können aber schon ab 80 Stundenkilometern leichte Schäden anrichten.

Schneeflocken bestehen aus Eiskristallen, die zusammengewachsen sind.

Die meisten Tornados bilden sich im Süden der USA und richten häufig große Schäden an.

Zum Surfen braucht man Wind. Winde sind Luftströmungen zwischen Gebieten mit hohem und mit niedrigem Luftdruck.

Wie entsteht ein Hurrikan?

Hurrikans entstehen über sehr warmem Meerwasser mit einer Temperatur von mindestens 26,5 °C. Die feuchte Luft erwärmt sich und steigt rasch in einer spiralförmigen Bewegung um den Mittelpunkt des Hurrikans auf. Dabei kühlt sie sich ab, und es bilden sich dichte Wolken, die bis zu zwölf Kilometer aufragen.

Was sieht der Hurrikan mit seinem Auge?

Wenn er sehen könnte, würde er über sich in den wolkenlosen Himmel blicken, da der Mittelpunkt des Hurrikans – das Auge – fast windstill ist und sich dort keine Wolken bilden. Unter sich würde er zumeist das Meer sehen, da er sich schnell auflöst, wenn er über Festland wandert. Es fehlt ihm dort an der nötigen Feuchtigkeit. Trotzdem sorgen Hurrikans oft für schreckliche Zerstörungen.

Wo gibt es die meisten Tornados?

Tornados sind sehr kleine Wirbelstürme, die meist nur wenige Minuten existieren. Sie entstehen häufig in den US-Bundesstaaten Texas und Illinois. Dort trifft im Sommer feuchtwarme Luft aus dem Golf von Mexiko mit trockenkalter Luft aus den Rocky Mountains zusammen. Dieser Unterschied erzeugt die Tornados. Durchschnittlich gibt es in den USA 750 Tornados pro Jahr. In Deutschland treten die Wirbelstürme selten auf.

Welche Waffen benutzt ein Tornado-Jäger?

Tornado-Jäger werden in den USA Menschen genannt, die sich auf die Jagd nach Tornados begeben. Als „Waffen“ benutzen sie Fotoapparate und Filmkameras.

Wo weht der Monsun?

Der Monsun ist ein tropischer Wind. Am ausgeprägtesten ist er in Süd- und Südostasien und an der Küste Ostafrikas. Der Monsun ist ein beständiger Wind, der seine Richtung halbjährlich ändert. In Indien und weiten Teilen Südostasiens sorgt er im Sommer für starke Niederschläge. Im Winter weht er aus Norden und ist trocken.

OZEANE

Zwei Drittel der Erde sind vom Meer bedeckt. Die drei großen Ozeane sind der Pazifische, der Atlantische und der Indische Ozean. Im Süden bilden die drei zusammen das Südpolarmeer, im Norden das Nordpolarmeer. In den Ozeanen befinden sich 97 Prozent des Wassers der Erde. Eine Reihe von Tieren und Pflanzen sind hier zu Hause, die meisten in der Nähe der Küste. Aber auch im offenen Meer und auf dem Meeresgrund gibt es Leben. Viele Menschen fahren im Urlaub gern ans Meer. Fische und andere Meeresfrüchte stellen eine wichtige Nahrungsgrundlage für die Menschen dar. Sogar Trinkwasser kann in Entsalzungsanlagen gewonnen werden.

Wie viel Salz ist in einem Kubikmeter Ozeanwasser?

In einem Kubikmeter Ozeanwasser, was etwa zwei randvollen Badewannen entspricht, sind ungefähr 35 Kilogramm Salz gelöst. In regnerischen Ozeanabschnitten ist der Salzgehalt etwas niedriger, in heißen, trockenen höher. Das Salz war bei der Entstehung der Erde schon vorhanden, befand sich aber überwiegend im Gestein. Durch Niederschläge wurde es aus dem Gestein gewaschen und über die Bäche und Flüsse ins Meer transportiert.

In einem Kubikmeter Meerwasser sind rund 35 Kilogramm Salz gelöst. Es wurde durch Niederschläge aus dem Gestein der Erde ausgewaschen.

Wie warm ist das Wasser der Ozeane?

An der Wasseroberfläche schwanken die Temperaturen zwischen –2 °C und 35 °C. Dann ist das Wasser badewannenwarm. Schon bei 20 °C kann man angenehm schwimmen. Die Sonne erwärmt die Ozeane am Äquator am stärksten. Doch auch dort reicht die Kraft der Sonnenstrahlen nicht bis auf den Meeresgrund. In Äquatornähe ist es ab 1000 Metern unter der Meeresoberfläche bitter kalt. Die Temperaturen steigen nicht über 5 °C. Die Durchschnittstemperatur der Ozeane liegt unter 4 °C.

Gibt es auch in den Eismeeren Leben?

Die Eisfische in der Antarktis sterben selbst dann nicht, wenn sie im Eis eingefroren sind. Ihr dünnes, blasses Blut ohne rote Blutkörperchen enthält Glykoprotein, das erst bei sehr tiefen Temperaturen gefriert.

Meeresschildkröten verbringen ihr Leben überwiegend in der offenen See und kommen nur zur Eiablage an den Strand.

Wie erkennt man vom Schiff aus nahes Land?

In der Nähe von Land ist das Wasser heller. Auch wenn man viele Vögel sehen kann, die das Schiff umkreisen, ist die nächste Küste nicht mehr weit. Cumuluswolken am Horizont lassen auf eine Insel oder auf Festland schließen.

Ist der Stille Ozean still?

Der Stille Ozean heißt auch Pazifischer Ozean. Der Name kommt von dem spanischen bzw. portugiesischen Wort „pacifico", was „friedlich" bedeutet. Der portugiesische Seefahrer Ferdinand Magellan hat den Ozean so benannt, weil der Wind bei Magellans Weltumseglung 1521 günstig war. Der Pazifische Ozean ist das größte Meer.

Warum leben im offenen Meer weniger Tiere als an der Küste?

Die Hochsee ist mit Nährstoffen nicht so gut versorgt wie die Küstenstreifen. An der Küste wächst mehr Phytoplankton. Das sind kleine Algen, die Fischen Nahrung bieten. Die Algen brauchen Sonnenlicht und können im tieferen Meer nicht so gut gedeihen. Im offenen Meer leben weniger Tierarten: Quallen, Tintenfische, Krebse, Schildkröten und Fische, aber auch Säugetiere wie Delfine, Wale und Robben.

Wer leuchtet in der Tiefsee?

In der Tiefe des Meeres ist es dunkel, und das Wasser ist kalt. Dennoch leben einige Tiere noch unterhalb von 1000 Metern unter der Wasseroberfläche. Manche Tiefseetiere haben Leuchtorgane, um sich zurechtzufinden. Laternenfische etwa sind mit Lichtbändern entlang dem Körper ausgestattet. Der Anglerfisch hat ein Laternchen vor dem Maul, mit dem er Beute anlockt.

Gibt es auch im Meer eine Ernte?

Züchter in der Südsee hängen Schnüre voller Austern ins Meer. Kerne oder Schalenteile, die man absichtlich in die Schale der Muscheln gibt, werden dann von den Tieren mit einem glatten, glänzenden Material umhüllt. Nach etwa zwei Jahren kann man die so gebildeten Perlen ernten.

Wie kommt es zu Ebbe und Flut?

Zweimal täglich senkt und hebt sich der Meeresspiegel an den meisten Küsten der Erde. Zwischen einem Höchststand und dem nächsten vergehen zwölf Stunden und 25 Minuten. Jeden Tag kann man an der Nordsee also 50 Minuten später schwimmen gehen. Das liegt an der Bewegung des Mondes. Der braucht 24 Stunden und 50 Minuten, um sich einmal um die Erde zu drehen. Erde und Mond ziehen sich gegenseitig an. Deshalb richtet sich das Wasser des Ozeans nach dem Mond aus. Es entstehen so genannte Flutberge, die mit dem Mond um die Erde laufen.

Erde und Mond ziehen sich gegenseitig an. An den Küsten der Welt kommt es so zu Ebbe und Flut.

Wie mischt die Sonne sich ein?

Auch die Sonne hat eine Anziehungskraft auf die Erde und das Wasser in den Meeren. Ihre Wirkung auf das Wasser ist aber viel geringer als die des Mondes. Doch liegt es an der Sonne, dass zweimal monatlich Springfluten stattfinden. Das ist immer dann der Fall, wenn Sonne und Mond von der Erde aus gesehen genau hintereinander stehen. Die Kräfte von Sonne und Mond addieren sich, und die Flut steigt besonders hoch.

Was ist der Tidenhub?

Den Unterschied zwischen dem Hochwasser bei Flut und dem Niedrigwasser bei Ebbe bezeichnet man als Tidenhub. An den offenen Atlantikküsten beträgt der Tidenhub etwa zwei bis drei Meter.

Warum kann man im Mittelmeer den ganzen Tag über schwimmen?

Der Unterschied zwischen Ebbe und Flut ist an den Mittelmeerküsten sehr gering. Der Tidenhub liegt hier bei unter einem Meter. Der Grund liegt darin, dass das Wasser nur durch die schmale Straße von Gibraltar in den Ozean fließen kann. Das bremst das Meer bei seiner Verfolgung des Mondes. Deswegen kann man im Mittelmeer den ganzen Tag über schwimmen. Auch aus der Ostsee kann das Wasser nicht so leicht entweichen, weshalb auch hier der Unterschied von Ebbe und Flut gering ausfällt.

Im Mittelmeer ist der Unterschied zwischen Ebbe und Flut nur gering. Daher benötigen die Küstenstädte auch keine Deiche zum Schutz vor Überflutung.

Mit der Bezeichnung Normalnull (Abkürzung NN) wird ein festgelegter Wert für Höhenangaben auf der Erdoberfläche bezeichnet. Die Höhe von Orten wird angegeben als „Meter über NN" oder „Meter über dem Meeresspiegel". Der feste Wert von Normalnull ist nötig, weil die Höhe des Meeresspiegels unter anderem wegen der Gezeiten nicht immer gleich ist. So waren z. B. die Höhenangaben für Saarbrücken bei Messungen vom Atlantik aus anders als von der Nordsee.

Was ist ein Wattenmeer?

Wattenmeere sind besonders flache Küsten, an denen das Meer viel Sand und Schlamm angelagert hat. Bei Ebbe liegt ein 10 bis 20 Kilometer breiter Streifen trocken. Das Wasser fließt in Ablaufgräben, den so genannten Prielen, ins offene Meer ab. Die deutsche Nordseeküste ist ein Wattenmeer.

Welche Tiere leben im und am Watt?

Bei einer Wattwanderung sieht man Häufchen aus Schlamm, die wie Schnüre aussehen. Das ist der Kot der Wattwürmer, die Algen aus dem Schlick filtern. In einem Fingerhut voll Schlamm leben bis zu einer Million einzellige Algen. Schlickkrebse und Wattschnecken kommen in enormen Menge vor. Zusammen mit Quallen, Polypen und Seesternen, die angespült werden, dienen sie den Vögeln als Nahrung. Auf den Nord- und Ostseeinseln brüten Seeschwalben.

In den flachen Wattenmeeren der deutschen Nordseeküste finden viele Tiere reichlich Nahrung.

Was ist eine Hallig?

Eine Hallig ist eine dem Schleswig-Holsteinischen Wattenmeer vorgelagerte Insel. Insgesamt gibt es zehn bewohnbare Halligen, die bekannteste ist die Hallig Hooge. Die Häuser stehen zum Schutz vor Überschwemmungen auf Erdhügeln, den so genannten Warften.

Was ist ein Gezeitenkraftwerk?

Ein Gezeitenkraftwerk produziert elektrischen Strom, indem es die Energie der Wasserströme beim Wechsel von Ebbe und Flut nutzt. Gezeitenkraftwerke werden an Meeresbuchten errichtet, die einen besonders hohen Tidenhub haben. Die Bucht wird durch einen Deich abgedämmt, sodass das Wasser durch die Turbinen strömt.

Was ist eine Sturmflut?

Eine Sturmflut ist eine Flut, bei der sich der Wasserstand durch landeinwärts wehende Winde erhöht. Eine verheerende Sturmflut im Jahr 1962 hat in Deutschland und Dänemark zahlreiche Opfer gefordert.

Transportieren Wellen meine Flaschenpost?

Es scheint nur so, als ob die Wellen Wasser und auch Gegenstände transportierten. In Wirklichkeit gleiten die Wellen unter der Flasche hindurch. Einmal befindet sich die Flasche auf dem Wellenberg, dann fällt sie wieder ins Wellental. Das Wasser dreht sich im Kreis und nur bei anhaltendem Wind kommt eine Flasche von der Stelle. Hat die Post erst einmal langsam und gemächlich die Küste erreicht, so bewegt sie sich etwas zügiger. In der Brandung sind die Wellenberge schneller als die Wellentäler, die von der Reibung am flacher werdenden Meeresgrund aufgehalten werden. Die Welle überschlägt sich und wirft die Flasche auf den Strand.

Wie wird man auf einem Schiff nicht so leicht seekrank?

Seekrank kann man durch das Geschaukel werden, das die Wellen verursachen. Die Gleichgewichtsorgane werden gereizt, und man muss sich erbrechen. Am wenigsten spürt man die Wellen in der Mitte des Schiffes.

Wie entstehen Strudel?

Wenn Meeresströmungen aufeinander treffen, entstehen Strudel. Das ist oft in Meerengen der Fall, also zwischen Inseln oder Landmassen. Die Strudel der Charybdis in der Straße von Messina zwischen Italien und Sizilien spielten schon in den griechischen Sagen eine Rolle.

Tsunamis sind die gefährlichsten Meereswellen! An der Küste können sie sich bis zu einer Höhe von 80 Metern auftürmen.

Brandungswellen überschlagen sich an der Küste, weil sie vom flacher werdenden Meeresgrund aufgehalten werden.

Was treibt das Wasser um die Welt?

Angetrieben werden Strömungen oft von Meeren, die vom Rest der Ozeane fast getrennt sind. Im Mittelmeer verdunstet mehr Wasser als nachfließt. Das salzige Wasser sinkt in die Tiefe und wird in starker Strömung durch die Straße von Gibraltar gedrückt. Über dem Mittelmeerwasser, das in den Ozean stürzt, fließt weniger salziges Atlantikwasser ins Mittelmeer zurück. Man nennt diese Wasserbewegung Ausgleichsströmung.

Wieso wachsen in England Palmen?

Der Golfstrom ist eine Strömung, die zwischen dem Golf von Mexiko und Europa fließt. Er sorgt für das milde Klima in Nordwesteuropa.

Wie entstehen die gefährlichsten Wellen?

Die gefährlichsten Wellen sind Tsunamis. Sie entstehen durch Erdbeben am Meeresboden. Auf dem offenen Meer sind die Wellen niedrig und ungefährlich, aber an der Küste türmen sie sich bis zu 80 Metern Höhe auf und reißen alles mit sich ins Meer.

Was ist El Niño?

El Niño (spanisch für „Christkind") ist eine sehr warme Meeresströmung, die manchmal um die Weihnachtszeit vor der Nordwestküste Südamerikas auftritt. Es kommt dann zu einem Massensterben von Fischen, Seevögeln und Korallen.

Der beste Platz gegen Seekrankheit ist in der Mitte des Schiffes. Dort spürt man das Schaukeln am wenigsten.

Ist der Meeresboden eben?

Der Meeresboden ist so uneben wie die Kontinente. In der Mitte aller großen Ozeane kommen Gebirge vor, die so genannten Rücken. Sie sind mehrere tausend Kilometer lang. An den Rücken quillt Magma aus dem Erdinneren und drängt die Gebirge auseinander. Auf dem Meeresboden gibt es auch tiefe Gräben. Mit über 11000 Metern ist der Marianengraben zwischen der pazifischen und der philippinischen Platte der tiefste.

Schwarze Raucher bieten vielen Tieren in der Tiefe der Ozeane Nahrung und Wärme.

Ist Kissenlava besonders weich?

Kissenlava hat ihren Namen bekommen, weil sie aussieht wie Sofakissen. Vulkane unterhalb der Wasseroberfläche speien genau wie die auf dem Festland Lava aus. Doch die Lava wird im kühlen Wasser der Ozeane schnell hart. Die Lavakissen sind große, abgekühlte Lavatropfen.

Wo leben blinde weiße Krebse?

In der Nähe von Vulkangebirgen am Tiefseeboden schießen manchmal heiße Quellen durch die Erdkruste nach oben. Das ausgespiene Wasser ist schwarz und sieht wie eine Rauchwolke aus. Es enthält viele Mineralien, die aus dem heißen Vulkangestein stammen. Weil Bakterien sich von den Mineralien ernähren können, finden auch blinde weiße Krebse, verschiedene Fische und Röhrenwürmer etwas zu fressen.

Die Insel Island liegt auf dem atlantischen Tiefseerücken.

Nicht nur die Flora und Fauna unserer Ozeane fasziniert Taucher: Ein Schiffswrack ist immer ein spektakulärer Fund.

Welche Farbe hat der Meeresboden?

Im Rotschlick vor der Mündung einiger tropischer Flüsse befindet sich viel Eisensulfit, das den Boden rostrot färbt. Grünschlick findet man vor der Atlantikküste Spaniens und Portugals. Der gelbliche Diatomeenschlamm besteht aus den Gehäusen von Kieselalgen und bedeckt den Boden um die Antarktis.

Warum sind Sandbänke für Schiffe so gefährlich?

Sandbänke bestehen oft aus beweglichem Mahlsand. Wenn ein Schiff die Fahrtrinne verfehlt und in den Sand gerät, so sinkt es ein. Selbst ein Schlepper schafft es dann oft nicht mehr, das Schiff zurückzuziehen.

Gibt es Tiefseerücken auf dem Festland?

In Island kann man einen Tiefseerücken an der Oberfläche sehen. Die Insel liegt genau auf dem atlantischen Tiefseerücken, dort wo die Eurasische Platte an die Nordamerikanische grenzt. Die Inselmitte besteht aus Vulkanen. Wie bei Tiefseerücken unter Wasser gilt auch auf Island: Je weiter man sich von der Mitte des Berges entfernt, desto älter ist der Basaltstein.

Was ist ein Sonar?

Sonar ist die Abkürzung des englischen Ausdrucks „Sound Navigation And Ranging". Das Verfahren wurde um 1920 erfunden. Ein Sonar heißt auch Echolot, denn die Geräte senden Schallwellen ins Wasser und fangen das Echo wieder auf. Auf diese Weise kann man Informationen über die Beschaffenheit des Meeresgrundes erhalten und Karten erstellen. Sonarsysteme werden auch in der Fischerei eingesetzt, um Fischschwärme aufzuspüren und deren Größe zu bestimmen.

LANDSCHAFT

Als Landschaft bezeichnet man ein geographisches Gebiet, das sich durch seine besondere Form oder seine Temperaturen von anderen Gebieten abgrenzt. So unterscheidet man Wüsten und Trockengebiete, Wälder und Gras- von Küsten- und Insellandschaften. Es gibt auch Berglandschaften, Fluss- und Seenlandschaften sowie die Polargebiete. Jede Landschaft bietet durch ihre Klimabedingungen verschiedenen Tier- und Pflanzenarten eine Heimat. Nur der Mensch kann in fast allen Landschaften überleben: Er durchquert die heißesten Wüsten, siedelt sich auf Inseln und an Küsten an und hält sich sogar in der Arktis und der Antarktis auf.

Sind Wüsten immer aus Sand?

Bei dem Wort Wüste denken wir in der Regel an gelbe Sandwüsten. Aber selbst in der größten Wüste der Welt, der Sahara, besteht nur ein Fünftel der Fläche aus Sand. Es gibt dort auch über 3000 Meter hohe Berge und weite, steinige Landschaften. Die größte Sandwüste der Erde ist somit nicht die Sahara, sondern die Rub al Khali auf der Arabischen Halbinsel. „Rub al Khali" heißt auf Deutsch „Leeres Viertel".

Wie heißen die Wasserstellen in der Wüste?

Die Orte in der Wüste, die an Quellen oder Wasserstellen gelegen sind, nennt man Oasen. Man findet sowohl kleine Oasen, die nur aus einem Teich mit Dattelpalmen bestehen, und sehr große Oasen, an denen ganze Städte liegen.

Wie sieht das ideale Haus in der Wüste aus?

In den Oasen und am Rande der Wüsten haben sich Menschen angesiedelt, so wie die Berber in Marokko. Sie errichteten Wohntürme. Die Räume haben nach außen hin winzig kleine Fenster. Innen ist es immer sehr dunkel, weil wenig Licht einfällt. So bleiben die Zimmer angenehm kühl. In der Wüste ist es sinnvoll, in größerer Höhe zu wohnen. Denn je weiter man von der Erde entfernt ist, desto kühler ist es. Wenn die Oberfläche des Wüstenbodens eine Temperatur von 75 °C hat, man sich also die Füße verbrennt, dann sind es in 20 Metern Höhe nur noch 26 °C.

Nur ein Fünftel der Sahara ist von Sand bedeckt.

Die Häuser in der Wüste Marokkos sind relativ hoch gebaut, damit sich die Wohnräume in möglichst großer Entfernung vom heißen Boden befinden.

Warum sollte man in die Wüste einen dicken Anorak mitnehmen?

In der Wüste ist es nicht immer heiß. Die Temperaturen schwanken stark zwischen Tag und Nacht. Auch wenn es tagsüber 50 °C heiß ist, kann es in der Nacht frieren. Das liegt daran, dass die Wüste schlechter isoliert ist als etwa ein Wald bei uns, der die warme Luft festhält. Eine weitere Isolationsschicht der Erde sind die Wolken, die über der Wüste meist fehlen. Übrigens ist es nicht schlecht, wenn man den Anorak auch in der Mittagshitze anbehält. Er schützt nicht nur vor Kälte, sondern auch vor Hitze. Auch ein Tuareg, ein Nomade in der Wüste, nimmt sein um den Kopf geschlungenes Tuch nicht einmal zum Essen ab.

Waren die Wüsten immer schon so wüst?

Es gibt alte Wüsten, wie etwa die Wüste Namib im Süden Afrikas, die schon sehr lange kahl sind. Gebiete der Sahara oder der Wüste Gobi waren aber vor 5000 bis 8000 Jahren noch viel feuchter, sodass man Ackerbau und Viehzucht betrieb.

Wie kommt die Akazie an Wasser?

Die Wurzeln der Akazie reichen enorm tief bis ans Grundwasser. Die Wurzeln sind manchmal viel länger als der Baumstamm. Man bezeichnet die Akazie auch als Zeigerpflanze, weil man durch sie erkennen kann, wo es Grundwasser gibt.

Warum bewegen sich Wüstenschlangen seitwärts?

Lockerer Sand bietet wenig Widerstand. Deshalb finden Schlangen nicht genügend Halt für ihre Bauchschuppen. Sie legen also ihren Körper in mehrere aufeinander folgende S-Kurven. Nur so können sie sich vom Boden abstoßen. Man nennt diese Art der Fortbewegung Seitenwinden.

Wie wurden früher Waren durch die Wüste transportiert?

Karawanen sind große Gesellschaften von Händlern, die bis ins 20. Jahrhundert meist auf alten Karawanenwegen durch die Wüsten im Nahen Osten und in Nordafrika unterwegs waren. Oft hatten diese Gruppen mehr als 1000 Kamele dabei, die die Waren trugen.

Kann man in der Wüste auch ertrinken?

Immer wieder ertrinken Urlauber bei Reisen durch die Wüste. In manchen Gebieten regnet es nur alle 100 Jahre. Doch wenn Regen fällt, so meist sehr viel in kurzer Zeit. In einer Steinwüste fließt das Wasser dann ab, statt einzusickern. Innerhalb von wenigen Minuten können sich reißende Flüsse bilden, und mitten in der steinigen Landschaft entstehen Seen.

Gibt es auch Blumen in der Wüste?

Wenn in der Wüste Regen gefallen ist, verwandeln sich manche Gegenden in ein farbiges Meer aus Blüten. Kleine Pflanzen sprießen in wenigen Stunden und bedecken die Erde, so weit das Auge reicht. Sie sähen sich aus und vertrocknen schnell. Als Samen oder Zwiebeln überdauern sie dann mehrere Jahre – bis zum nächsten Regen. Eine andere Pflanze, die Rose von Jericho, krallt sich bei Dürre wie eine Faust zusammen und fällt in eine Trockenstarre.

Wie alt wird ein Riesenkaktus?

Der Riesenkaktus, der auch Saguaro oder Kandelaberkaktus heißt, ist in der Sonora-Wüste im Südwesten der USA zu Hause. Er kann über 300 Jahre alt werden und erreicht eine Höhe von 15 Metern.

Ziegen tragen mit dazu bei, dass die Wüsten wachsen. Sie reißen beim Fressen die Kräuter mit der Wurzel aus.

Manche Wüsten, wie hier das Wadi Rim in Jordanien, bestehen hauptsächlich aus Stein. Bei Regen bilden sich reißende Flüsse.

Gibt es in der Wüste Algen?

Wenn du einen Stein in der Wüste umdrehst, dann ist er oft unten ganz grün. Der Bewuchs sieht aus wie winziges Moos. Dies sind Flechten und Algen, die bevorzugt unter hellen und lichtdurchlässigen Steinen leben.

Können Wüsten wachsen?

Die Wüsten der Erde wie z. B. die Sahara werden immer größer. Weil die Menschen Brennholz brauchen, roden sie Bäume und Sträucher. Sie halten auch Ziegen, die die wenigen Pflanzen samt der Wurzeln fressen. Oft wird das vorhandene Wasser für die Felder genutzt, und dadurch kann es die Bäche nicht mehr erreichen.

Wer spielt Verstecken in der Sandwüste?

Der Wüstengecko, der in der Wüste Namib lebt, gräbt sich tagsüber in den Sand ein. Wenn die Sandoberfläche 75 °C heiß ist, so ist es in 25 Zentimetern Tiefe nur noch 43 °C warm. Durch das Eingraben schützt er sich auch vor Feinden.

Was genau ist eine Fata Morgana?

In der Wüste liegen manchmal kalte und warme Luftschichten dicht nebeneinder. Sie wirken an der Grenze wie ein Spiegel. So wird z. B. der Himmel gespiegelt, und er erscheint in einer optischen Täuschung als Wasserfläche.

Der Riesenkaktus heißt auch Kandelaberkaktus, weil er wie ein Kerzenständer aussieht.

Warum werfen die Laubbäume in Mitteleuropa im Herbst die Blätter ab?

Im Winter sinkt die Temperatur in Mitteleuropa auf unter 0 °C, und das Wasser gefriert. Deshalb können die Wurzeln der Bäume keine Feuchtigkeit mehr aufnehmen. Um in diesen Monaten Wasser zu sparen, werfen sie das Laub ab. Denn die Blätter haben eine sehr dünne Haut, sodass die Verdunstung zu groß wäre. Außerdem kann auf den kahlen Zweigen weniger Schnee liegen bleiben. Würde der Schnee auf das Laub fallen, könnten die Zweige brechen.

Sah unser Wald immer so aus wie heute?

Von Natur aus wächst in Deutschland ein Mischwald aus Laub- und Nadelbäumen. Noch um 1800 kam auf zwei Laubbäume ein Nadelbaum. Heute ist das Verhältnis etwa umgekehrt. Weil der Mensch für die Holzindustrie viele Bäume brauchte, pflanzte er vor allem Fichten, die schneller als die meisten Laubbäume wachsen.

Welches ist der größte Baum der Welt?

Der höchste bekannte Baum der Welt ist ein Sequoia mit 112 Metern Höhe. Er steht im Redwood National Park in Kalifornien in den USA. Als dickster Baum der Welt gilt ebenfalls ein Sequoia, dem man den Namen „General Sherman“ gegeben hat. Sein Stamm hat einen Umfang von 31,3 Metern. Er befindet sich im Sequoia National Park in Kalifornien.

In einem Mischwald stehen Laub- und Nadelbäume nebeneinander.

In Mitteleuropa werfen die Laubbäume im Herbst ihre Blätter ab.

Im Regenwald wie hier in Costa Rica ist es heiß und schwül.

Warum haben unsere Bäume Jahresringe und die in den Tropen nicht?

An abgesägten Baumstümpfen kann man Ringe erkennen, die mal schmaler und mal breiter sind. Man nennt sie Jahresringe, denn in jedem Jahr wird der Stamm um einen Ring dicker. Die Ringe entstehen durch den Wechsel der Vegetationsphasen, also wenn im Sommer der Baum wächst und im Winter nicht. Durch Nachzählen kann man das Alter des Baumes bestimmen. Bei einem Baum im tropischen Regenwald geht das nicht, weil die Klimabedingungen immer gleich sind und deshalb keine Ringe entstehen.

Wo kann man Urwaldtiere am besten beobachten?

Im Zoo kann man die bunten Ara-Papageien und die lauten Brüllaffen beobachten. Doch im tropischen Regenwald selbst bekommt man wahrscheinlich außer Riesenameisen, Blutegeln und Mücken wenig Tiere zu sehen – obwohl nirgendwo sonst auf der Welt so viele Tierarten vorkommen wie im Regenwald. Doch viele der Säugetiere sind Baumbewohner, und sie verstecken sich in den Wipfeln, wie z. B. die Faultiere. Außerdem sind zwei von drei Säugetierarten nachtaktiv. Die meisten Lebewesen sind darüber hinaus exzellent getarnt. Sie passen sich der Farbe ihrer Umgebung perfekt an und werden beim Vorbeigehen übersehen.

Ist der Regenwald undurchdringlich?

Nur an den Ufern von Seen und Flüssen, neben Siedlungen und an Lichtungen reicht das Grün bis zur Erde und wirkt auf den Betrachter wie eine undurchdringliche Wand. Denn hier bekommen auch niedrige Pflanzen genug Licht. Tiefer im Regenwald ist der Boden allerdings weit weniger bewachsen, denn die Helligkeit dringt nicht bis unten durch.

Wo gibt es die meisten Regenwälder?

Zwei Drittel aller Regenwälder der Welt befinden sich im Amazonasbecken in Südamerika. Außerdem gibt es Regenwälder in Südostasien, Neuguinea und Australien sowie in Zentralafrika.

Wie unterscheidet man Steppen und Savannen?

Steppen und Savannen sind Grasländer. Savannen liegen in den Tropen, wo der Temperaturunterschied zwischen Sommer und Winter nicht groß ist. Dafür gibt es Regen- und Trockenzeiten. Steppen dagegen befinden sich in den mittleren Breiten. Im Winter ist es kalt, und es fallen nur 200 bis 500 Millimeter Regen im Jahr. Deshalb ist es für Bäume zu trocken.

Gnus leben in den afrikanischen Savannen in großen Herden.

Warum muss man in der Steppe und Savanne flink rennen können?

In den nordamerikanischen Prärien leben Gabelböcke und Bisons, in der südamerikanischen Pampa Lamas. Früher gab es in den Steppen Zentralasiens große Herden von Wildpferden. Weil in den Grasländern kein Gestrüpp wächst, wo sich die Tiere verstecken können, müssen sie zum Überleben gut laufen können. Denn auch die Jäger sind schnell: Löwen, Geparden und Hyänen verfolgen Herden von Gnus und Antilopen, bis es ihnen gelingt, ein zu langsames Tier zu erlegen.

Welches Tier läuft am schnellsten?

Geparden sind die schnellsten Läufer in der Tierwelt. Die großen Katzen mit dem gelblichen und dunkel gepunkteten Fell erreichen kurzzeitig Geschwindigkeiten von 100 Stundenkilometern.

Wie frisst der Ameisenbär die Ameisen?

Ameisenbären sind in den Grasländern Mittel- und Südamerikas beheimatet. Mit der feinen Nase spüren sie Ameisen- und Termitenbaue auf und reißen sie dann mit den großen Krallen auseinander. Die Zunge der Ameisenbären ist 60 Zentimeter lang. Bis zu 150-mal in der Minute schießt sie nach vorn, um Insekten aufzulecken.

Elefanten kühlen sich gern an Wasserlöchern ab oder fächeln sich mit den Ohren Wind zu.

Wie kam die Klapperschlange zu ihrem Namen?

Fühlt sich eine Klapperschlange bedroht, warnt sie zunächst den Angreifer mit einem rasselnden Geräusch, das sie mit den trockenen Hornringen am Schwanzende erzeugt. Diese Eigenart hat der Schlange zu ihrem Namen verholfen. Die äußerst giftigen Tiere leben in den Prärien der USA.

In den Graslandgebieten leben die größten Vögel der Erde: der Strauß in Afrika, der Nandu in Südamerika und der Emu in Australien. Sie alle haben das Fliegen verlernt! Dafür sind sie sehr schnell zu Fuß. Der Strauß bricht alle Rekorde. Er ist mit bis zu 150 Kilogramm Gewicht und bis zu drei Metern Höhe der größte Vogel überhaupt. Er kann eine Geschwindigkeit von 65 Stundenkilometern erreichen.

Warum hat der Afrikanische Elefant so große Ohren?

Der Afrikanische Elefant braucht seine Ohren nicht nur, um zu hören. Die großen Hautflächen dienen dazu, Wasser verdunsten zu lassen, um den Körper zu kühlen. Tiere in kalten Regionen, wie etwa Eisbären, sind eher kompakt gebaut. Sie haben im Vergleich zum Gewicht eine kleine Körperoberfläche, damit möglichst wenig Wärme verloren geht. Tiere der Steppe und Savanne dagegen haben oft extra große Hautflächen, um Wärme loszuwerden. Der Elefant wackelt immer wieder mit den Ohren und erzeugt Wind. Indische Elefanten haben kleinere Ohren, denn sie können sich vor der Sonne unter Bäumen schützen. Im Lebensraum des Afrikanischen Elefanten sind aber Bäume selten.

Löwen jagen im Grasland ihre Beute.

Wo kann man sich im Gras verstecken?

In den Feuchtsavannen Brasiliens, des Orinokos in Venezuela und in Mittelafrika wird das Gras in der Regenzeit so hoch wie ein ausgewachsener Mensch. Man kann sich also gut im Gras verstecken. Savannen sind Landschaften, in denen es zwar reichlich regnet, in denen aber zwei bis fünf Monate im Jahr kein Tropfen fällt. Dann vertrocknet das Gras, und die Bäume verlieren ihre Blätter.

Welche Prärie war die größte?

Die Große Prärie erstreckte sich im mittleren Westen der USA von Texas nach Norden bis nach Kanada. Bevor die Europäer kamen, lebten hier große Büffelherden. Heute ist von dem ursprünglichen Grasland kaum etwas übrig geblieben. Farmer pflügten das Land im 19. Jahrhundert um. Sie begannen Weizen zu säen.

Wo ist denn eigentlich die Pampa?

In der Umgangssprache meint man mit Pampa oft eine Gegend, in der nichts los und keine Großstadt in der Nähe ist. Die echte Pampa aber ist eine große, grasbewachsene Ebene in Argentinien, Uruguay und Brasilien. Im Westen wird sie von den Anden begrenzt, im Osten vom Atlantik.

Warum braucht man auf Borkum häufiger einen Regenmantel als in Wien?

Das Wasser der Meere funktioniert wie eine Art Wärmepuffer. In Zonen, in denen es im Landesinneren im Winter kalt ist, bleibt es an den Küsten und auf den Inseln milder. Dort, wo es im Inland heiße Sommer gibt, ist es am Rand des Meeres angenehm kühl. Mit einigen wenigen Ausnahmen ist es an den Küsten und auf Inseln wie der Nordseeinsel Borkum auch feuchter und windiger als im Landesinneren wie in Wien.

Könnten die Wikinger die ihnen bekannten Küsten heute noch erkennen?

Vermutlich würden sie ihren Augen nicht trauen, wenn sie die Hafenmolen aus Beton sehen würden. Doch auch ohne die Menschen verändern sich die Küsten. Steilküsten zeigen in der Regel an, dass hier das Wasser das Land angreift. Die Wellen schlagen mit großer Kraft auf die Felsen, bis sie abbrechen und sich das Land zurückzieht. An anderen Stellen lagert das Meer Geröll am Strand an, und das Land wächst.

Wie gewinnen die Menschen Land aus dem Meer?

Mithilfe von Windmühlen pumpte man früher in den Niederlanden das Wasser vom Land. Auf diese Weise trotzte der Mensch dem Ozean fruchtbaren Boden ab. Heute erledigen elektrische Pumpen diese Arbeit. Deiche verhindern, dass das Wasser zurückflutet.

Steile Klippen werden vom Meer ausgewaschen. Die Landfläche nimmt ab. An Flachküsten lagert das Meer Kiesel und Sand wieder an. Das Land vergrößert sich.

Die brasilianische Stadt Rio de Janeiro liegt am Meer. Sie hat fast zehn Millionen Einwohner.

Was haben Tokio, New York und Rio de Janeiro gemeinsam?

Diese Städte sind Großstädte, und alle drei liegen am Meer. An den Küsten haben sich viele Menschen angesiedelt. Die Hälfte der Weltbevölkerung lebt nicht weiter als 80 Kilometer vom Meer entfernt. Die Häfen locken Arbeitskräfte an.

Wie sehen die Küsten nachts von oben aus?

Wenn man sich Satellitenbilder ansieht, so sind die Küsten als Lichterketten zu erkennen. Die Orte am Meer sind als helle Punkte zu sehen. Dies liegt daran, dass so viele Menschen am Meer wohnen.

Kann man Meerwasser trinken?

Die Städte und Dörfer am Meer benötigen viel Wasser, doch kann man das Meerwasser nicht trinken. Es ist zu salzig. Um aus Meerwasser Trinkwasser zu gewinnen, benötigt man Entsalzungsanlagen. Wenn das Wasser erhitzt wird und kondensiert, wird es salzfrei. Diese Methode können sich aber nur reiche Länder, etwa am Persischen Golf, leisten.

Wo sind die Apostel?

Die Apostel sind zwölf hohe Felssäulen im Meer vor der Südküste Australiens. Früher einmal gehörten die Felsen zu einer Landzunge, die aber vom Meer fast komplett weggewaschen wurde.

An Steilküsten greift das Meer das Land an, das Land zieht sich zurück.

Entstehen immer noch neue Inseln?

Ja. Eine der jüngsten ist die Insel Surtsey bei Island. Fischer entdeckten 1965 auf dem Wasser Rauch. Sie dachten, dass vielleicht ein Schiff in Not ist. Tatsächlich aber sahen sie der Entstehung einer Insel zu. Ein Vulkan hatte sich unter Wasser gebildet und reichte nun über den Meeresspiegel. Viele Fachleute waren erstaunt, als man 1970, als die Insel gerade mal fünf Jahre alt war, schon erste Flechten auf ihr fand. Dort lebten damals auch bereits 100 Insektenarten. Auf einer Insel können sich ungestört neue Pflanzen- und Tierarten entwickeln. Auf Hawaii sind 89 Prozent der Pflanzenarten endemisch, das heißt, dass sie nirgendwo sonst zu finden sind.

Manche Unterwasservulkane schütten so viel Lava auf, dass Inseln entstehen.

Warum haben manche Inseln einen schwarzen Sandstrand?

Vulkaninseln, wie etwa Tahiti, haben oft einen schwarzen Sandstrand. Der Sand ist aus schwarzen Vulkangestein, dem Basalt, entstanden. Wenn die heiße Lava ins Wasser fließt, dann kühlt sie sehr schnell ab. Durch Meer und Wellen wird der Stein zu feinem, schwarzem Sand zerrieben.

Wie viele Inseln gehören zu Indonesien?

Indonesien liegt in Südostasien. Zu dem größten Inselstaat der Welt gehören 14000 Inseln, die sich in westöstlicher Ausdehnung über mehr als 5000 Kilometer erstrecken.

An Korallenriffen kann man viele tropische Fische beobachten, die am Riff nach Nahrung suchen.

Ein Großteil der Pflanzen auf Hawaii kommt nirgendwo sonst als auf den Pazifikinseln vor.

Welches ist der kleinste Inselstaat der Welt?

Der kleinste Inselstaat Nauru im Pazifik hat nur 10000 Einwohner. Die Fläche der Inseln Naurus beträgt 21 Quadratkilometer.

Wo fühlen sich Korallen wohl?

Korallen lieben tropisch warmes Meereswasser ab 20 °C. Es sind kleine Tiere, die sich aber nicht selbst fortbewegen können. Stattdessen haben sie zum Schutz ein festes Gerüst. Sie leben in riesigen Kolonien und strudeln mit den Fangarmen Algen in ihren Schlund. Korallen können nur im sauerstoffreichen, oberflächennahen Wasser leben. Am Meeresgrund wäre es ihnen zu dunkel.

Wie sehen Korallenfriedhöfe aus?

Wenn die Korallen sterben, bleibt ein Kalkskelett zurück. Auf ihm siedeln sich neue Korallen an. Nach einiger Zeit reichen die Korallenbauten bis über die Wasseroberfläche. Sie bilden dort ein so genanntes Saumriff und nach einiger Zeit sogar ein Atoll. In der Mitte der Koralleninsel befindet sich eine Lagune, ein See, der durch die Korallenbänke vom Meer abgetrennt ist. Taucher lieben Korallenriffe. An ihnen kann man viele tropische Fische beobachten. Das größte Korallenriff ist das Große Barriereriff, das sich über 2000 Kilometer vor der Nordostküste Australiens erstreckt.

Kann man Sand vom Strand von Wüstensand unterscheiden?

Ja, doch man braucht dazu ein Mikroskop. Sandkörner aus der Wüste sind alle gleich groß und rund, weil sie vom Wind bewegt werden und sich gegenseitig abscheuern. Im Meer ist immer Wasser zwischen den Körnchen. Sie reiben nicht direkt aneinander, sind deshalb unterschiedlich groß und weniger abgeschliffen.

Werden Pinguine von Eisbären gefressen?

Kein einziger Pinguin muss sich vor Eisbären fürchten, denn die sind weit weg. Pinguine leben auf der südlichen Erdhalbkugel, vor allem in der Antarktis, Eisbären in der Arktis.

Was ist der Unterschied zwischen Arktis und Antarktis?

Die Arktis, das Gebiet um den Nordpol, ist ein zugefrorenes Ozeanbecken, das an seiner tiefsten Stelle 5300 Meter tief ist. Als Antarktis bezeichnet man das Gebiet um den Südpol. Die Antarktis ist ein Kontinent, dessen höchster Berg 5140 Meter hoch ist. Das Eis im Nordpolarmeer ist im Durchschnitt nicht dicker als ein bis drei Meter, das Eis, das auf der Antarktis liegt, ist im Schnitt 1700 Meter hoch.

Schneit es in der Antarktis ständig?

In der Antarktis schneit es so gut wie nie. Im Landesinneren fallen im Jahresdurchschnitt nur fünf Zentimeter Schnee. Der Schneefall eines Jahres würde also nicht einmal zum Schifahren reichen.

Wer brütet das Ei des Kaiserpinguins aus?

Bei den Kaiserpinguinen brütet der Papa das Ei aus. Erst wenn die Jungen schlüpfen, kommt die Mama zurück und packt sie in ihre Bauchtasche. Der Vater erholt sich dann von den Strapazen.

Eisbären leben in der Arktis.

Eisberge bestehen aus Süßwasser.

Bestehen Eisberge aus gefrorenem Salzwasser?

Eisberge sind aus Süßwasser. Sie sind nicht im Meer entstanden, sondern haben sich von Gletschern abgespalten. Gletscher aus festem Schnee und Eis bewegen sich von den Eiskappen im Nord- und Südpolargebiet in Richtung Meer. Dort, wo sie mit dem Wasser in Kontakt kommen, brechen große Eisblöcke ab. Man sagt dann, dass die Gletscher kalben. Viele Eisberge werden von der Meeresströmung nach Süden bzw. Norden getrieben. Im offenen Meer dauert es etwa drei Jahre, bis sie geschmolzen sind.

Eiswaffeln kennst du, aber Pfannkucheneis?

Das Pfannkucheneis gehört zum so genannten Packeis. Eis gefriert an der Oberfläche der Polarmeere und schwimmt oben. Weil das Meer aber stürmisch ist, wird die Eiskruste immer wieder aufgebrochen. Es entstehen Plättchen, die sich beim Zusammenstoß mit anderen Platten an den Rändern leicht aufwölben. Die Platten bekommen die Form von Pfannkuchen.

Wozu braucht man Eisbrecher?

Ein großer Teil des arktischen Ozeans ist das ganze Jahr über von Packeis bedeckt. Vor allem im Winter sind die Meere nur noch mit speziellen Schiffen, den Eisbrechern, zu befahren.

Im Winter erstreckt sich das Packeis über alle arktischen Meere. Sie sind dann nur noch mit Eisbrechern zu befahren.

Welche Farbe hat das Wasser?

Wasser ist durchsichtig. Im Meer und in Flüssen wirkt es ab einer gewissen Tiefe blau. Es gibt aber auch Schwarz- und Weißwasserflüsse. Weißwasserflüsse fließen durch Gegenden mit weichem Boden. Die Flüsse führen hellen Lehm mit sich, der das Wasser weißlich aussehen lässt. Der Amazonas ist ein Weißwasserfluss. Der Rio Negro, der ebenso durch das Amazonasbecken, aber durch Sumpfwälder fließt, ist ein Schwarzwasserfluss. Schwarze Erde gibt ihm seine Farbe.

Warum werden Staudämme gebaut?

Um durch Wasser Strom zu erzeugen. Das Wasser wird bei einem hydroelektrischen Kraftwerk durch Turbinen im Inneren des Damms geleitet. Bergige Länder mit viel Regen, wie z. B. Norwegen, decken auf diese Weise einen Großteil des Energiebedarfs.

Ist Süßwasser süß?

Süßwasser muss überhaupt nicht süß sein. Meist ist es ganz geschmacksneutral. Es gibt Süßwasser, das, je nachdem, welche Mineralien in ihm gelöst sind, ausgesprochen sauer oder sogar bitter schmeckt. Das meiste Wasser befindet sich aber als Salzwasser in den Ozeanen: 97,6 Prozent der Wasservorräte der Erde.

Die Iguaçu-Wasserfälle liegen auf der Grenze zwischen Argentinien und Brasilien. Auf einer Breite von 2700 Metern stürzt das Wasser in die Tiefe.

Viele große Flüsse nehmen ihren Anfang als kleiner Bach im Gebirge.

Im Amazonasgebiet gibt es Weißwasserflüsse, aber auch Schwarzwasserflüsse.

Wie verändert sich ein Fluss auf dem Weg zum Meer?

Viele Flüsse haben ihren Anfang im Gebirge. Das Schmelzwasser und Regen kommen in steilen, klaren Bächen zusammen, die sehr schnell fließen. In den Tälern treffen sich mehrere Gebirgsbäche und bilden einen breiteren Fluss. Im flacheren Land fließt der aus verschiedenen Nebenflüssen gebildete Strom dann in Schlangenlinien. Zum Meer hin wird er immer breiter und wasserreicher.

Warum ist der Rhein heute 80 Kilometer kürzer als früher?

Früher schlängelte sich der Oberrhein träge durch die Landschaft. Für die Schifffahrt war er kaum zu nutzen. Bei jedem Hochwasser suchte er sich ein neues Bett und setzte breite Uferstreifen unter Wasser. 1817 wurde der Lauf begradigt und um 80 Kilometer verkürzt. Man wusste damals noch nicht, welche Nachteile eine Flussbegradigung mit sich bringt. Der Fluss wurde schneller, weil er nicht mehr um so viele Kurven zu fließen hatte, grub sich ein und senkte den Grundwasserspiegel, also das Wasser, von dem die Pflanzen auf den Feldern leben. Auch große Regenfälle im Gebirge werden heute durch den Flusslauf nicht mehr gebremst. Wenn es zu Überschwemmungen kommt, so sind sie schlimmer als vor der Flussregulierung.

Was ist ein Ästuar?

Eine breite, trichterförmige Öffnung an der Mündung eines Flusses ins Meer nennt man Ästuar. Hier vermischen sich Tier- und Pflanzenarten, die normalerweise nur auf dem Festland, nur im Fluss oder im Meer vorkommen.

Wie entstehen Wasserfälle?

Wasserfälle entstehen am Oberlauf von Flüssen. Sie bilden sich dort, wo der Fluss eine harte Gesteinsschicht überquert, die an eine weichere grenzt. Das weichere Gestein wird schneller ausgehöhlt. Es bildet sich eine Terrasse. Beim Verlassen des Eriesees stürzen die Niagarafälle über eine 50 Meter hohe Dolomitbank.

Was ist eine Wasserscheide?

Eine Wasserscheide ist meist ein Gebirge, an dem sich herausstellt, wohin ein Gewässer fließt. Als kontinentale Wasserscheide bezeichnet man die Linie, die entscheidet, in welches Meer ein Fluss mündet. Durch Deutschland verläuft die europäische Wasserscheide: Der Rhein, die Oder und die Elbe fließen in Nord- und Ostsee. Die Donau fließt aber nach Südosten ins Schwarze Meer.

Die steinigen Untiefen in der Nähe des Loreley-Felsens am Rhein waren bei Schiffern gefürchtet.

Wieso ist das Baden in Flüssen gefährlich?

Auch wenn ein Fluss ganz gemächlich fließt, kann es Strudel geben. Sie entstehen durch Löcher auf dem Grund. Das Wasser wirbelt im Kreis nach oben und ist eine Gefahr für die Badenden.

Warum müssen schiffbare Flüsse immer wieder ausgebaggert werden?

Flüsse vertiefen ständig ihr Bett. Dabei lösen sie Steine und Erde ab und transportieren sie flußabwärts. Je näher der Fluss dem Meer kommt, desto kleiner ist seine Fracht geworden. Die Steine haben sich zu Sand, am Ende zu Schwebfracht verkleinert. Dort, wo ein Fluss langsam fließt, lagern sich die mitgeschwemmten Steine und Sande ab. Sie lassen den Fluss niedriger aber breiter werden. Damit die Schiffe nicht auf Grund laufen, muss die Fahrrinne frei gehalten werden.

Was macht denn die Loreley?

Die Loreley ist ein 132 Meter hoher Felsen in Rheinland-Pfalz am Rhein. Die schwer einzuschätzenden Untiefen und Felsen an der engen Flussstelle sind für die Schifffahrt gefährlich. Gedichte erzählen von einem schönen Mädchen, das auf dem Felsen sitzen soll und die Schiffer ins Verderben schickt. Aber das ist nur Fantasie!

Die Donau, hier in der ungarischen Hauptstadt Budapest, fließt durch insgesamt zehn Länder.

Welches ist der längste Fluss in Deutschland?

Die Donau ist der längste Fluss, der durch Deutschland fließt. Auf ihren 2890 Kilometern Länge kommt sie allerdings noch durch neun andere Länder: Österreich, Slowakei, Ungarn, Kroatien, Serbien, Rumänien, Bulgarien, Moldawien und die Ukraine.

Man unterscheidet je nach der Wasserführung verschiedene Typen von Flüssen. Periodische Flüsse existieren nur zu bestimmten Jahreszeiten, etwa im Frühjahr bei der Schneeschmelze. Episodische Flüsse dagegen sind oft reißende Ströme, die es aber nur wenige Tage lang gibt. Sie entstehen nach heftigen Regenfällen in der Wüste. Perennierende Flüsse wie die meisten Flüsse in Europa fließen das ganze Jahr über in ihrem Flussbett.

Nennt man breite Flussmündungen Alpha, Gamma oder Delta?

Delta ist ein griechischer Buchstabe, der wie ein Dreieck aussieht. Weil auch breite Flussmündungen diese Form haben, nennt man sie Delta. Ein Delta entsteht, wenn Flüsse viel Schlamm und Sand mit sich führen. Dort, wo der Süßwasserstrom in Kontakt mit dem salzigen Meerwasser kommt, lagern sich die Sande und im Wasser gelösten Schwebstoffe ab. Ein besonders großes Delta haben die Donau und der Nil.

Was waren Treidler?

Früher haben Menschen oder Pferde die Schiffe an Leinen stromaufwärts gezogen. Diese Tätigkeit heißt Treideln. Stromabwärts wurden die Schiffe meist von der Strömung oder vom Wind getragen. Besonders bekannt waren die Treidler, die an der Wolga arbeiteten. Die Leute hatten einen sehr anstrengenden Beruf, der aber im 19. Jahrhundert mit dem Aufkommen von Dampfschiffen nicht mehr gebraucht wurde.

Was ist eine Klappbrücke?

Klappbrücken gibt es an Flüssen, auf denen Schiffe verkehren. Wenn ein Schiff vorbeikommt, das wegen seiner Höhe nicht unter der Brücke durchpasst, wird die Brücke einfach aufgeklappt. Ist das Schiff durchgefahren, kann die Brücke wieder geschlossen werden.

Das Wasser des Nils ist für die ägyptische Landwirtschaft sehr wichtig.

Wen macht Hochwasser froh?

Viele Bauern freuen sich über Hochwasser. Gerade in trockeneren Gegenden der Erde sorgt regelmäßiges Hochwasser dafür, dass die Felder am Fluss überflutet werden. Flüsse wie der Nil führen nur wenige Monate im Jahr genügend Wasser, um über die Ufer zu treten. Der Boden der angrenzenden Äcker wird dann gut durchfeuchtet. Wenn sich das Wasser wieder zurückzieht, wird gesät. Die Nilflut war für die alten Ägypter so wichtig, dass sie ihren Jahreskalender an der Flut orientierten. Inzwischen verhindert ein Staudamm, der Assuan-Damm, Überschwemmungen. Die Felder sind häufig unfruchtbar geworden.

Wie entsteht ein See?

Seen sind Wassermengen, die sich in Vertiefungen auf dem Festland sammeln. Diese Mulden können sich auf verschiedene Weise entwickeln. Manchmal werden durch Erdbewegungen von Meeren einzelne Teile abgeschnitten. So entstand das Kaspische Meer. Manche Seen bilden sich in Vulkankratern oder in Tälern, die bei einem Vulkanausbruch ihren Abfluss verloren haben. Der Tobasee auf Sumatra ist der größte Kratersee der Welt. Erosionsseen entstehen, wo Wind oder Eis die obere Erdschicht abgetragen haben.

Wie alt ist das Wasser in Altwässern?

Tümpel und Weiher, die aus abgetrennten Teilen eines Bachbettes entstanden sind, nennt man Altwässer – das Wasser in ihnen ist so alt wie alles andere Wasser auf der Erde auch, also etwa drei Milliarden Jahre. Altwässer bilden sich, wenn ein Bach sich ein neues Bachbett sucht und Wasser im alten Bachlauf zurückbleibt. Auch Flüsse hinterlassen häufig große Altwässer, die Altarme.

Gibt es einen wandernden See?

Als wandernder See wird der Lobnor in der Wüste Takla-Makan in China bezeichnet. In Trockenzeiten verliert er einen großen Teil seines Wassers. In Regenzeiten wird er rasch gefüllt, nur bildet sich der Lobnor selten genau an derselben Stelle.

In der Wüste Kaliforniens in den USA haben sich Salzseen gebildet.

Auf dem Vulkan Poas in Costa Rica entstand ein Kratersee.

Was unterscheidet Weiher, Teich und See?

Ein stehendes, natürliches Gewässer, das nicht austrocknet, nennt man Weiher. Weiher sind aber doch so flach, dass das Licht bis an den Grund fällt. Deswegen gedeihen hier viele verschiedene Wasserpflanzen. Ein Teich ist ein künstlicher Weiher, meist für die Fischzucht. Wenn ein stehendes Gewässer so tief ist, dass wegen Lichtmangels am Boden kein Wachstum mehr möglich ist, spricht man von einem See.

Wo liegen die Fischereischiffe des Aralsees?

Auf dem Aralsee zwischen Kasachstan und Usbekistan fahren keine Schiffe mehr. Sie liegen mitten auf dem Land. Doch früher war da Wasser. An den Flüssen Syrdarya und Amudarya, die einst in den Aralsee mündeten, wird das Wasser heute für die Baumwollfelder verwendet.

Wie kommt es zu Salzseen?

In trockenen Gebieten der Erde sind viele Seen abflusslos. Man nennt sie Endseen. Auch Flusswasser enthält Salze. Wenn das Wasser verdunstet, bleiben nur die Salze zurück.

Welches ist der größte See der Erde?

Das Kaspische Meer ist mit einer Fläche von 393898 Quadratkilometern der größte Binnensee der Welt. Der tiefste See ist mit einer Tiefe von 1637 Metern der Baikalsee in Russland.

Der Aralsee in Zentralasien trocknet immer mehr aus.

LÄNDER

Auf der Erde gibt es 193 Länder. Die Menschen in diesen Ländern gehören einer großen Zahl von verschiedenen Kulturen an und sie sprechen viele unterschiedliche Sprachen. Einige tragen ganz andere Kleidung als wir und essen Dinge, die uns unbekannt oder für uns sehr ungewöhnlich sind. Menschen in fremden Ländern haben oft eine andere politische Meinung oder eine andere Religion. Sie machen andere Musik, als wir sie gewohnt sind, und schaffen exotische Kunstwerke. All diese Unterschiede haben in der Vergangenheit schon zu Konflikten und sogar zu Kriegen geführt. Doch sie geben den Menschen auch die Chance, voneinander zu lernen.

Warum ist es in Afrika so warm?

Mitten durch Afrika verläuft der Äquator. Hier scheint die Sonne senkrecht auf die Erde. Das Land bekommt also besonders viel Wärme ab. Das ganze Jahr über herrschen hohe Temperaturen. Ein Fünftel des Kontinents ist von Regenwald bedeckt, 40 Prozent von Wüste und ebenfalls 40 Prozent von Savannen.

Gibt es in Afrika auch Schnee?

Der höchste Berg Afrikas ist der Kilimandscharo. Er ist ein erloschener Vulkan und liegt in Tansania, nicht weit vom Äquator entfernt. Weil er 5895 Meter hoch ist, schmilzt sein Gipfel dennoch nie ab. Er ist von ewigem Schnee bedeckt. Auch die schneebedeckten Gipfel des Ruwenzori-Gebirges sind über 5000 Meter hoch.

Stammt der Mensch vom Affen ab?

Zwar sind wir den Menschenaffen ähnlich, sie sind aber nicht unsere Großeltern. Eher kann man sie als Tanten und Onkel bezeichnen. Menschen und Affen stammen von denselben Vorfahren ab. Und die lebten in Afrika. Hier entstanden die ersten Menschen. Man hat in Afrika Überreste menschenähnlicher Wesen gefunden, die vor vier Millionen Jahren lebten. Vor zwei Millionen Jahren traten die ersten „echten" Menschen auf, die schon Werkzeuge aus Stein herstellten. Vor einer Million Jahren breitete sich der Mensch von Afrika her über die anderen Kontinente aus.

Schimpansen und Menschen haben die gleichen Vorfahren. Beide stammen aus Afrika.

Bei einer Safari in Afrika kann man Land und Leute kennen lernen und manchmal auch seltene Tiere beobachten.

Wo liegen die Wurzeln der Rockmusik?

Auch wenn es auf dem afrikanischen Kontinent viel Elend gibt, so ist doch die Musik dort oft laut und lebensfroh. In Afrika wird viel musiziert, gesungen, getanzt und getrommelt. Auf allen Festen hört man rhythmische Musik. Über 300 Jahre lang wurden Schwarzafrikaner als Sklaven nach Amerika gebracht. In der Fremde spielten sie ihre Musik weiter. Aus ihr ging schließlich all das hervor, was wir Jazz, Reggae, Rock und Pop nennen. Von Amerika kam diese Musik nach Europa. Viele Menschen konnten sie anfangs nicht leiden und nannten sie abschätzig „Negermusik". Doch ohne Afrika würden wir heute noch Wiener Walzer spielen und Reigen tanzen. Welche Band kommt schließlich schon ohne Schlagzeug und Trommeln aus?

Welches ist der längste Fluss der Erde?

Der 6700 Kilometer lange Nil entspringt in Uganda. Er fließt durch Wüstengebiete nach Norden und mündet in Ägypten ins Mittelmeer. Der Nil versorgt die Menschen mit Wasser und ist ein wichtiger Verkehrsweg.

Wie groß sind die Familien in Afrika?

In Burundi und Kenia bekommt eine Mutter im Schnitt über sechs Kinder. Jeder zweite Mensch in Afrika ist jünger als 20 Jahre. Oft haben die Geschwister aber wenig Zeit, miteinander zu spielen. Sie müssen schon früh arbeiten und können daher nicht die Schule besuchen. In Afrika bekommen die Leute möglichst viele Kinder, weil sie sich wünschen, dass diese im Alter für sie sorgen. Die Kindersterblichkeit ist allerdings hoch, das heißt, viele Kinder sterben, wenn sie noch klein sind. Daher wünschen die Eltern viele Kinder, damit wenigstens einige erwachsen werden.

Welche Namen haben die heißen Wüsten Afrikas?

Die Sahara ist mit einer Fläche von neun Milionen Quadratkilometern die größte Wüste Afrikas und die größte Wüste der Welt. Südlich des Äquators liegen die Namibwüste und die Kalahari.

Was erzählen Felsbilder über Afrikas Geschichte?

Die frühesten Felsenzeichnungen Afrikas findet man im südlichen Namibia. Sie sind 25000 bis 27000 Jahre alt. Die Themen der Bilder passen so gar nicht in die heutige Zeit. Im Süden Algeriens liegt mitten in der Sahara ein gebirgiges Gebiet, Hoggar und Tassili n'Ajjer genannt. Man hat auch dort tausende von Felsbildern gefunden. Die meisten sind rund 5000 Jahre alt. Die Menschen von damals haben Wildtiere dargestellt: Büffel, Giraffen, Elefanten, Nashörner, Flusspferde und Antilopen. Keines dieser Tiere kommt heute noch in der Sahara vor. Also muss dort vor 5000 Jahren ein viel feuchteres Klima geherrscht haben.

An frühzeitlichen Felszeichnungen kann man erkennen, dass in Afrika einst ein anderes Klima herrschte.

Wie kommt Wüstensand aus Afrika zu uns?

Manchmal bekommen auch wir einen Hauch Afrika ab. Schirokko nennt man die heißen, staubigen Luftmassen, die aus der Sahara nach Norden wehen. In der Wüste tritt der Schirokko als warmer und trockener Staub- oder Sandsturm auf. Auf dem Weg über das Mittelmeer nimmt die Luft Feuchtigkeit auf. In Italien und Spanien wird es dann schwül. Manchmal reicht der Schirokko bis über die Alpen und lädt dort seine staubige Fracht ab. Wenn auf dem Schnee der Alpen roter Staub aus Afrika liegt, so nennt man das Blutschnee.

Manchmal weht der Schirokko bis über die Alpen und bringt den Sand aus der Sahara zu uns.

Nomaden in Niger ziehen mit ihren Rinderherden auf der Suche nach Weideplätzen von Ort zu Ort.

Wie leben Nomaden?

Als Nomaden bezeichnet man Menschen, die keinen festen Wohnort haben und mit ihren Tieren durch das Land wandern. Sie wohnen das ganze Jahr über im Zelt. Die Nomaden der Sahara und Ostafrikas sind mit Kamel-, Schaf- und Ziegenherden unterwegs.

Was heißt Mosi-oa-tunya auf Deutsch?

Mosi-oa-tunya heißt „donnernder Rauch". So nennt man in Afrika die Victoria-Fälle. Diese Wasserfälle sind 108 Meter hoch und 1,5 Kilometer breit. Beim Hinabstürzen des Wassers bilden sich kleine Tröpfchen, die in die Höhe steigen und fast wie Rauch wirken.

Wie können Menschen in der Kalahari überleben?

Das Volk der San, deren Mitglieder man früher Buschleute nannte, ist gut an das trockene Klima der Kalahari angepasst. Die Menschen können an Wurzeln erkennen, wo es oberflächennahes Grundwasser gibt. Sie leben als Jäger. Außerdem dienen ihnen Wurzeln und Beeren als Nahrung.

Was sind Kolonialmächte?

Ab dem 16. Jahrhundert teilten die europäischen Staaten Frankreich, Großbritannien, Portugal, Spanien, Belgien und später auch Deutschland Afrika unter sich auf. Sie wollten als Kolonialmächte von den Rohstoffen in Afrika profitieren.

Warum gibt es in Afrika so viele Bürgerkriege?

Noch in der Kolonialzeit wurden die heutigen Staatsgrenzen ohne Rücksicht auf die Stammesgebiete der Bevölkerungsgruppen festgelegt. Heute sind die afrikanischen Staaten zwar selbstständig, aber oft brechen die alten Stammeskonflikte wieder aus.

Welche Sprachen spricht man in Kanada?

In der Provinz Quebec sprechen die meisten Kinder zuerst Französisch. Ursprünglich gehörte Kanada zu Frankreich, weil Franzosen als erste Europäer in Kanada einwanderten. Doch später hat England Kanada erobert. Heute muss in Kanada jeder Englisch lernen. Die Französisch sprechenden Kinder haben nicht nur Sprachunterricht in Englisch, sondern es werden auch einzelne Fächer in der Fremdsprache unterrichtet.

Was ist der Unterschied zwischen Kanadiern und Canadiern?

Kanadier sind die Bürger Kanadas. Canadier waren die Fischerboote der Inuit. Sie hatten kein Steuer. Die Richtung bestimmt man mit einem Stechpaddel. Man kniet im Boot und sticht das Paddel seitlich ins Wasser. Diese Canadier benutzt man noch heute im Rudersport.

Wie entstanden die Eiskrater?

Hast du schon mal eine Flasche Wasser in die Tiefkühltruhe gestellt und vergessen? Die Flasche ist zersprungen, weil Eis mehr Platz braucht. So ähnlich ging es auch der Erde in Kanada. Sie konnte aber nicht platzen, als unterirdisches Wasser gefror, und so hat sie Beulen bekommen. Diese Beulenberge nennt man Eiskrater oder Pingos.

In Kanada wohnen nur 32 Millionen Menschen. Weite Teile des großen Landes sind unbesiedelt.

Canadier sind Boote. Man verwendet sie auch bei sportlichen Wettkämpfen im Wildwasser.

Wie spielt man Ajaqaq?

Früher hat man bei den Inuit dem Geschicklichkeitsspiel Ajaqaq Zauberkräfte zugeschrieben. Es wird im Vorfrühling gespielt, weil es die Rückkehr der lang ersehnten Sonne beschleunigen soll. Als Griff hat man einen Walrosszahn in der Hand. An ihm ist eine Sehne befestigt. An der hängt ein Kaninchenkopf. Nun muss man versuchen, den Kaninchenschädel mit dem Walrosszahn aufzuspießen.

Wie viele Einwohner hat Kanada?

In Kanada wohnen nur etwa 32 Milionen Menschen. Weil Kanada so groß ist, leben im Durchschnitt nur 2,3 Menschen auf jedem Quadratkilometer!

Tropft in Kanada der Ahornsirup von den Bäumen?

Ja. Die Ahornbäume in Kanada zapft man im Frühling an. Der Saft tropft durch in die Rinde gebohrte Zapfhähne in Blecheimer an den Bäumen. In Kesseln wird der Baumsaft so lange gekocht, bis eine süße, nach Karamel schmeckende Masse übrig geblieben ist. Für einen Liter Sirup werden 40 Liter Zuckersaft benötigt.

Wie sieht die Flagge Kanadas aus?

Die kanadische Flagge ist rot und weiß mit einem roten Ahornblatt in der Mitte.

Das Ahornblatt ist sogar auf der kanadischen Flagge zu sehen.

Wer ist US-Amerikaner?

Wer in den USA geboren wird, ist ein US-Amerikaner oder eine US-Amerikanerin. Auch wenn ein Flugzeug auf dem Weg von Kanada nach Panama in den USA landet, um zu tanken, und eine Frau an Bord ein Kind bekommt, ist das Kind ein US-Amerikaner.

Gehen in den USA alle Kinder zur Schule?

Manche Kinder hätten einen so weiten Weg zur Schule, dass die Eltern sie lieber daheim unterrichten. In Alaska ist es üblich, dass man Lesen und Schreiben daheim lernt. Aber auch in den großen Städten gibt es Kinder, die nicht zur Schule gehen. Manche Familien sind sehr religiös und haben Angst, dass ihre Kinder in der Schule Dinge lernen, die ihrem Glauben nicht entsprechen. Viele Menschen sind in der Vergangenheit nach Amerika ausgewandert, weil ihre Religion in der Heimat nicht anerkannt war.

Wie heißen die Ureinwohner Nordamerikas?

Die Menschen und ihre Nachkommen, die schon vor der Ankunft der Europäer nördlich von Mexiko lebten, bezeichnete man als Indianer. Dieser Name beruhte auf einem Irrtum der europäischen Seefahrer. Sie glaubten, in Ostasien gelandet zu sein, das damals Indien genannt wurde. Heute bezeichnet man die Indianer als „Ureinwohner Amerikas".

In den US-amerikanischen Nationalparks leben auch Braunbären.

Bei weitem nicht alle Teile der USA sind so dicht bevölkert wie Los Angeles.

American Football ist eine der beliebtesten Sportarten in den USA. Es gibt auch viele Schulmannschaften.

Gehen Schüler in den USA zum Mittagessen heim?

Nein, sie bleiben fast den ganzen Tag über in der Schule, essen auch dort und treiben nachmittags viel Sport. Jede Schule hat ihre Schulmannschaften, und bei einem Turnier feuert die ganze Schule ihr Team an.

Was sind Mobile Homes?

Viele Menschen in den USA ziehen oft um, weil sie in einem anderen Bundesstaat eine Arbeit gefunden haben. Dann verkaufen sie ihr Haus und kaufen in der Nähe des neuen Arbeitsplatzes ein anderes. Manche Menschen finden es aber lästig, immer eine neue Wohnung zu suchen. Sie leben in Mobile Homes. Das sind Häuser auf Rädern, die man an einen LKW hängen und mit denen man bequem umziehen kann!

Wann ist der US-amerikanische Nationalfeiertag?

Am 4. Juli 1776 erklärten die 13 britischen Kolonien in Nordamerika in einer Unabhängigkeitserklärung ihre Loslösung vom Mutterland. Sie bildeten einen eigenen Staat. Seither ist dieser Tag der Nationalfeiertag der USA.

Ist Nordamerika überall dicht bevölkert?

Nordamerika ist insgesamt mehr als doppelt so groß wie Europa. Fast die Hälfte des Erdteils ist aber kaum besiedelt. Der Norden ist von dichten Wäldern bedeckt oder liegt unter Eis und Schnee. Hier leben die Inuit und die amerikanischen Ureinwohner. Andere Teile Nordamerikas sind gebirgig oder trocken und unfruchtbar. In diesen Gebieten sind nur wenige Menschen zu Hause. In Kalifornien wurden im Tal des Todes Temperaturen bis 57 °C im Schatten gemessen. Die größten Städte Nordamerikas sind Los Angeles und New York in den USA. Es gibt in Nordamerika viele Nationalparks, die die Natur schützen sollen. Im Yosemite-Nationalpark befinden sich die höchsten Wasserfälle Nordamerikas. Im Yellowstone-Park und im Grand-Teton-Nationalpark leben Elche und Bären. In den Sumpfgebieten im Südosten der USA fühlen sich Alligatoren wohl.

Welche Landschaften gibt es in Südamerika?

In Südamerika liegt der größte tropische Regenwald der Erde: das Amazonasgebiet. Auch in Guyana und Venezuela wachsen Urwaldriesen. Östlich des Regenwaldes befindet sich ein hohes Gebirge: die Anden. Im Süden dehnen sich große Grasländer aus, die Pampas in Argentinien und Patagonien. Weiter im Westen sind Wüstengebiete. Die trockenste Region Südamerikas ist die Atacamawüste im Norden Chiles.

Woher kommen viele unserer Schnittblumen?

In Kolumbien gibt es riesige Treibhäuser. In ihnen wird ein großer Teil der Schnittblumen angebaut, die man in den Blumenläden der Welt kaufen kann. Weil Blumen nicht lange haltbar sind, liegen die Glashäuser gleich neben dem Flughafen. Sie werden geschnitten und sofort weggeflogen.

Wo leben die Darwinfinken?

Darwinfinken, Riesenschildkröten, Meerechsen und Galapagos-Kormorane leben auf den Galapagosinseln, die zu Ecuador gehören. Die Inseln sind ein beliebtes Ziel für Touristen. Aber jedes Jahr dürfen nur 40000 Besucher die Inseln betreten. Man möchte die einzigartige Tierwelt vor Störungen schützen. Die Darwinfinken sind nach dem Biologen Charles Darwin benannt. Er erforschte die Entstehung von neuen Tierarten und wie Tiere sich ihren Lebensbedingungen anpassen. Die erste Vogelart, die auf Galapagos heimisch wurde, waren Finken. Aus ihnen entwickelten sich verschiedene Arten, die jeweils unterschiedliche Schnäbel haben.

Wer sind die Olmeken?

Die Olmeken sind die Ureinwohner Mittelamerikas. Die Ursprünge ihrer Kultur liegen im mexikanischen Hochland und reichen in die Zeit bis 1500 vor Christus zurück. Die Olmeken schufen riesige Steinfiguren. Berühmt sind die so genannten Kolossalköpfe und Altäre aus Stein. Sie machten auch kleine Figuren aus Jade, wobei besonders oft ein Jaguar dargestellt wird.

Auf den Galapagosinseln leben Meerechsen.

Schnittblumen aus Kolumbien werden in der ganzen Welt verkauft.

Vor etwa 500 Jahren wurde ein Vertrag geschlossen, in dem Südamerika zwischen Spanien und Portugal aufgeteilt wurde. Portugal bekam den östlichen Teil, in dem sich heute Brasilien befindet. Der westliche Teil fiel an Spanien. Deshalb wird in Brasilien heute Portugiesisch gesprochen, während man in fast allen anderen südamerikanischen Staaten Spanisch spricht. Die heute noch verbreiteten indianischen Sprachen sind Quechua, Guaraní und Aymara.

Was sind Vikunjas?

In den Hochlagen der Anden in 3000 Metern über dem Meeresspiegel leben vier Kamelarten. Alle haben die Besonderheit, dass sie sich im Kampf anspucken. Zwei Arten leben wild, das Guanako und das Vikunja. Das Vikunja liefert die feinste und wärmste Wolle, die es gibt. Einmal im Jahr treiben die Indios die Tiere zusammen und scheren sie. Jedes Tier liefert 300 Gramm Wolle. Zwei weitere Bergkamele sind nur als Haustiere bekannt, das Lama und das Alpaka. Beide tragen Lasten, liefern Wolle und Fleisch.

Wie heißen die traditionellen Musikinstrumente in Südamerika?

In Südamerika liebt man Musik. Die Panflöte wird aus Bambusrohren zusammengesetzt. Sie klingt dumpf und etwas traurig. Begleitet wird die Panflöte von der Charangos, einer kleinen Gitarre aus dem Panzer des Gürteltiers.

Werden Panamahüte in Panama produziert?

Panamahüte werden eigentlich in Ecuador hergestellt und heißen nur Panamahüte, weil sie von Häfen in Panama aus verschifft wurden. Die fein geflochtenen Hüte verlieren auch nicht die Form, wenn man sie in den Koffer knüllt. Die besten Exemplare kann man sogar durch einen Fingerring ziehen! Drei Monate kann es dauern, bis eine Familie einen solchen Hut aus den Fasern einer Palme hergestellt hat.

In Brasilien – hier der berühmte Strand Copacabana in Rio de Janeiro – wird überwiegend Portugiesisch gesprochen.

Wo findet jedes Jahr das farbenfroheste Fest der Welt statt?

Der Karneval in Rio de Janeiro ist das bunteste Fest der Welt. Reich geschmückte Wagen, Musikgruppen und Tänzerinnen ziehen durch die Stadt. Die Sambamusik, die dabei ertönt, stammt ursprünglich von den schwarzen Sklaven. Nicht wenige, die in prächtigen Kostümen am Karnevalsumzug teilnehmen, leben in armen Siedlungen am Stadtrand, den Favelas. Für sie ist das Fest eine wichtige Abwechslung. Die Leute schneidern das ganze Jahr über Kostüme, bauen Wagen und proben die Tänze. Und wenn der Karneval vorbei ist, denken sie schon an den nächsten.

Wo findet der größte Viehmarkt der Welt statt?

In Argentinien gibt es weite Grassteppen, die man Pampa nennt. Dort weiden große Mengen von Rindern. In der Hauptstadt Buenos Aires findet der größte Viehmarkt der Welt statt. Jede Woche werden dort 50000 Tiere verkauft und versteigert.

Was ist ein Gaucho?

Gauchos nennt man in Argentinien, Uruguay und dem südlichen Brasilien die Menschen, die man mit den nordamerikanischen Cowboys vergleichen kann. Auf den Grassteppen der Pampa hüten sie Rinder und Pferde. Auch viele Indianer arbeiten als Gauchos.

Wo liegen die Bananenrepubliken ?

Aus Mittelamerika kommen zahlreiche Genussmittel zu uns: Bananen stammen oft aus Guatemala, Honduras und Belize. Zigarren werden aus Kuba bei uns eingeführt. Auch der Kakao stammt aus Mittelamerika. Der Kakaostrauch wächst meist auf großen Plantagen. Die Erntearbeiter bekommen nur einen Bruchteil des Preises, den du für die Schokolade bezahlst. Die Schokolade aus den Eine-Welt-Läden ist teurer, damit die Landarbeiter einen Lohn bekommen, der ihnen zum Leben reicht.

Aus Brasilien kommen große Mengen von Kaffee.

Pyramide von Chichén Itzá in Mexiko: Bevor die Europäer ins Land kamen, gab es die Hochkulturen der Maya und der Tolteken.

Warum haben so viele Städte in Mittelamerika spanische Namen?

Mittelamerikanische Städte wie Cordoba in Mexiko, Granada in Nicaragua oder La Palma in Panama verraten durch ihren spanischen Namen, woher die Gründer kamen. Mittelamerika wurde von verschiedenen europäischen Mächten beherrscht. Sie unterdrückten die Urbevölkerung und machten die Länder der Karibik zu Kolonien. Die Spanier gründeten viele Städte, denen sie Namen aus ihrer Heimat gaben.

Woher kommt der meiste Kaffee?

Brasilien baut jährlich rund vier Milionen Tonnen Kaffee an und ist damit der größte Kaffeeproduzent der Welt.

Weißt du, wo der Zucker wächst?

Kuba wird oft Zuckerinsel genannt, weil Zucker die Hälfte des Gesamtexports ausmacht. Man gewinnt den Zucker aus Zuckerrohr. Das ist ein bis zu sieben Meter hohes Gras. Die reifen Halme schlägt man mit Messern, den Macheten. Dann presst man sie aus, und erhält einen süßen Saft.

Wo liegt der Titicacasee?

Der Titicacasee liegt in 3800 Metern Höhe in Peru und Bolivien. Damit ist der See das höchste befahrbare Gewässer der Welt.

In Kuba wird Zuckerrohr zu Zucker verarbeitet.

Was ist größer: Asien oder die USA?

Asien ist der größte Kontinent der Erde. Weit über die Hälfte aller Menschen auf der Welt sind Asiaten, und jeder fünfte Mensch lebt in China. Im Fernsehen ist viel häufiger von den USA die Rede als von den Staaten Asiens. Wenn man aber beispielsweise eine Karte Russlands neben eine der USA im selben Maßstab legt, sieht man, dass Russland beinahe die doppelte Größe hat. Asien besteht aus 48 Staaten, wobei Russland und die Türkei auch nach Europa reichen.

Jeder fünfte Mensch auf der Welt lebt in China. Hier eine Straße in Hongkong.

Ist Asien ein reicher Kontinent?

Die Lebensbedingungen in den Ländern Asiens sind sehr verschieden. Japan, Singapur und die Staaten am Persischen Golf sind reich. In Laos, Bangladesch oder Kirgisistan ist das Leben hart.

Warum brühen Taiwanesen den Tee mehrmals auf?

Wenn Taiwanesen ihren Tee mehrmals aufbrühen, ist das kein Zeichen von Sparsamkeit oder Geiz. Der erste Aufguss aus dem winzigen Kännchen wird sogar weggeschüttet. Er enthält bittere Stoffe. Die Taiwanesen trinken besonders gerne Grüntee. Die Teeblättchen werden vor dem Trocknen von Hand gerollt. 100 Gramm eines wertvollen Tees können 500 Euro kosten!

Mönche beim Gebet: Die buddhistische Religion entstand in Asien.

Viele Gewürze werden aus Südasien in die ganze Welt exportiert.

Welche Produkte kamen aus Asien zu uns?

Aus Asien stammen viele Dinge, die heute für uns selbstverständlich sind: der Reis, der Tee, Aprikosen, die Seide und viele Gewürze. Früher brachten Karawanen die Güter über die Seidenstraße zu uns.

Ist in Asien die Umwelt noch in Ordnung?

Asien ist ein Kontinent mit riesigen Umweltproblemen: Regenwälder werden vernichtet. In Zentralasien wurden Flüsse umgeleitet, um die Wüste zu bewässern. Das verändert das Klima. Atomtests verseuchten große Gebiete in Kasachstan. Und in Russland fließt Erdöl aus undichten Leitungen in die Sümpfe.

Welche Religionen kommen aus Asien?

Der Islam entstand in Arabien, denn Mohammed, der Gründer, wurde im heutigen Saudi-Arabien geboren. Jesus, auf den das Christentum zurückgeht, lebte in Israel. Hinduismus, Buddhismus und Schintoismus sind asiatische Religionen, und auch sie haben Anhänger in Europa.

Was ist Bollywood?

In der indischen Stadt Bombay werden, genau wie im US-amerikanischen Hollywood, sehr viele Filme gemacht. Deshalb nennt man Bombay auch manchmal Bollywood.

Wie lang ist die Chinesische Mauer?

Die Chinesische Mauer ist mit 6350 Kilometern Länge das größte Bauwerk der Welt. Ab dem dritten Jahrhundert wurde sie errichtet, um die Nordgrenze Chinas gegen die Steppenvölker zu sichern. Die Mauer ist zwischen drei und neun Metern hoch. Man kann sie mit bloßem Auge von der Internationalen Raumstation ISS sehen.

Aus wie vielen Inseln besteht Japan?

Japan besteht aus vier Hauptinseln: Honshu, wo auch die Hauptstadt Tokio liegt, Hokkaido, Shikoku und Kyushu. Außerdem gehören etwa 3000 weitere Inseln zu Japan.

Warum sind die Berge Asiens Schwindel erregend hoch?

In Asien liegt das höchste Gebirge der Erde, der Himalaja. Dort befindet sich an der Grenze zwischen China und Nepal der Mount Everest, der mit 8848 Metern Höhe der höchste Berg der Erde ist. Aber auch die anderen Gipfel des Hindukusch, Karakorum, Himalaja und Tienschan sind Schwindel erregend hoch. Das ist wörtlich gemeint, weil in dieser Höhe Luftblasen im Blut entstehen, die das Gehirn schädigen. Man bekommt Kopfschmerzen und Schwindelgefühle und kann an der Höhenkrankheit sogar sterben.

Warum isst man in China keine großen Koteletts?

In der chinesischen Küche werden die Zutaten vor dem Braten klein geschnitten. Fleisch, Fisch, Pilze und Gemüse werden nicht im Ganzen zubereitet, weil Brennstoffe in China schon immer rar und teuer waren. Kleingeschnitten ist das Fleisch schneller gar. Das spart Energie. Außerdem bleiben im Gemüse viele Vitamine erhalten.

Im China brät man das klein geschnittene Fleisch und Gemüse meist im Wok an.

Die türkische Stadt Istanbul liegt auf zwei Kontinenten: Asien und Europa. Die Hagia Sofia steht auf der europäischen Seite des Bosporus.

Welche Stadt liegt auf zwei Kontinenten?

Die türkische Stadt Istanbul liegt teils in Europa, teils in Asien. Die Stadt wird durch eine Meerenge, den Bosporus, in zwei Teile geteilt. Alle zehn Minuten kann man mit einer Fähre von Europa nach Asien übersetzen.

Wie viel frisst ein Pandabär?

In den Gebirgswäldern in Südwestchina leben die Pandabären. Sie fressen 600 Bambuszweige am Tag. Dafür brauchen sie 16 Stunden. Bei der Geburt wiegt ein Panda nur so viel wie eine Mandarine. Er reitet huckepack auf seiner Mama und versucht erst nach drei Monaten, eigene Schritte zu machen.

Sind Schakale traurig, wenn sie heulen?

In den Steppen in Armenien und im Iran leben Schakale. Sie sehen aus wie kleine Hunde, sind aber in der Nacht aktiv. Sie unterhalten sich durch die Heultöne mit anderen Schakalen, die weit fort sind. Die Schakale sind also nicht traurig!

Welches ist der am dichtesten besiedelte Ort der Welt?

Die Region Hongkong in China ist der am dichtesten besiedelte Ort der Welt. Hier leben im Durchschnitt 6000 Menschen auf einem Quadratkilometer. Hongkong ist ein bedeutendes Handels- und Bankenzentrum.

Der Mount Everest ist mit einer Höhe von 8848 Metern der höchste Berg der Erde.

Woher kamen die australischen Ureinwohner?

Vor rund 50000 Jahren kamen die ersten Einwanderer nach Neuguinea und damit auch gleichzeitig nach Australien. Dabei wurden sie nicht einmal nass. Zu jener Zeit lag nämlich der Meeresspiegel tiefer, und Neuguinea war mit Australien über eine Landbrücke verbunden. Die Nachkommen dieser ersten Einwanderer heißen Aborigines.

Wie kamen die Kaninchen nach Australien?

1859 brachte Thomas Austin zwölf Kaninchen mit nach Australien, weil sie seine Wiese kurz halten sollten. Die Kaninchen hatten in Australien keine tierischen Feinde, deshalb vermehrten sie sich rasch. Zwar machte man Jagd auf sie, doch schon 1950, also etwa 90 Jahre später, gab es in Australien rund eine Milliarde Kaninchen. Sie wurden zur Landplage, weil sie andere australische Tierarten verdrängten.

Was ist der Uluru?

Der Uluru oder Ayers Rock ist ein Sandsteinmonolith in der australischen Wüste. Er ist etwa 3,6 Kilometer lang und zwei Kilometer breit. Der Name Uluru kommt aus der Sprache der Aborigines. Für sie ist der Fels eine heilige Stätte.

Kängurus sind die bekanntesten Beuteltiere. Sie leben in Australien.

In Neuseeland gibt es viel mehr Schafe als Menschen.

Der Ayers Rock oder Uluru in Australien ist für die Aborigines ein heiliger Berg.

Wie sprechen die Kinder der Schafzüchter mit ihren Lehrern?

Die großen Schaffarmen in Australien liegen sehr weit auseinander. Der Schulweg wäre für die Kinder viel zu lang. Sie werden per Funk und Fernsehen zu Hause unterrichtet. Mit ihren Lehrern sprechen sie über Funkgeräte. Die Hefte mit den Hausaufgaben werden Flugzeugen mitgegeben, die sie in die Stadt bringen.

Was sind Kiwis?

Die Kiwi ist eine braunhaarige Frucht mit einem hellgrünen Fruchtfleisch, das leicht säuerlich schmeckt. Ausgedehnte Kiwiplantagen gibt es in Neuseeland. Der Kiwi ist aber auch ein neuseeländischer Vogel. Er hat einen sehr langen, dünnen Schnabel und kann nicht fliegen.

Gibt es in Neuseeland mehr Menschen oder mehr Schafe?

Auf den beiden Inseln, die zu Neuseeland gehören, leben 3,5 Millionen Menschen und 52 Millionen Schafe. Die Schafe werden von Hütehunden bewacht. Manche Hunde schaffen es, die Schafe zu dirigieren und zusammenzutreiben, ohne zu bellen. Sie schauen die Schafe nur streng an. In Neuseeland gibt es regelmäßige Wettbewerbe im Schafscheren. Ein echter Spitzenscherer schafft bis zu 350 Tiere am Tag. Den Schafen tut die Schur nicht weh. Die Wolle wächst nach wie bei uns die Haare.

Warum haben Kängurus einen Beutel?

Die Beuteltiere haben sich in Australien entwickelt. Besonders bekannt sind der Koalabär, die Beutelratte und das Känguru. Die Babys der Beuteltiere kommen in einem ganz frühen Entwicklungsstadium auf die Welt. Im Gegensatz zu anderen Säugetieren können sie noch nicht alleine saugen. Sie sind bei der Geburt auch noch blind. Kleine Kängurus oder Koalas finden aber trotzdem den Weg über das Fell der Mutter in den Beutel, in dem die Zitzen sitzen. Sie klammern sich darin fest, und die Milch wird ihnen von ihrer Mama eingespritzt. Ein Känguru-Junges bleibt bis zu acht Monate im Beutel.

Wo verläuft die Datumsgrenze?

Wenn du in der Mittagszeit in New York anrufst, dann erreichst du deinen Gesprächspartner vielleicht gerade beim Frühstück. Je weiter ostwärts du bist, desto später ist es. Schließlich gibt es eine Grenze, hinter der sozusagen nicht mehr heute ist, sondern morgen: Das Datum wird um einen Tag vorgestellt. Diese Datumsgrenze verläuft mitten durch Ozeanien, zwischen Tonga und Samoa.

Wo im Pazifik wachsen die dichtesten Wälder?

Neuguinea ist dicht bewaldet. Es regnet dort viel. In den Gebirgen im Inselinneren entspringen zahlreiche Bäche und Flüsse. Sie fließen in Grasgebiete und Sümpfe an der Küste. Auf den meisten Pazifikinseln ist aber der Boden für Bäume nicht dick genug.

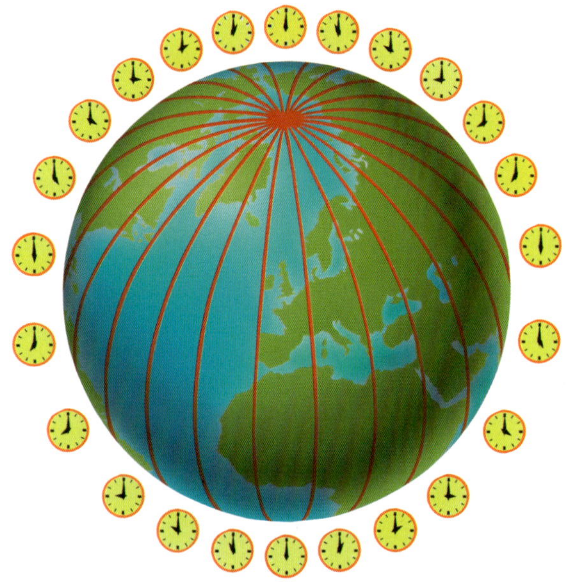

Die Erde wird in 24 Zeitzonen aufgeteilt. Die Datumsgrenze verläuft mitten durch Ozeanien.

Wo konnte man mit Steinen bezahlen?

Auf der mikronesischen Insel Yap war das Geld sehr schwer. Man zahlte dort früher mit Steingeld, so wie in den westlichen Ländern mit Gold. Das Steingeld sah aus wie ein Mühlstein und hatte in der Mitte ein Loch. Durch dieses Loch konnte man eine Stange stecken, mit deren Hilfe zwei Männer eine „Münze“ tragen können. Fast in jedem Dorf auf Yap hat man einige dieser Steine aufgehoben. Es gibt noch etwa 6000 Exemplare. Die Steine waren deswegen so kostbar, weil sie nicht im Land hergestellt werden konnten. Sie wurden mit Schiffen nach Yap gebracht, was vor dem Zeitalter der Motorboote kein leichtes Unterfangen war.

Den Fasern der Kokosnüsse schadet es nicht, wenn sie nass werden. Deshalb kann man aus ihnen z. B. Taue oder Bürsten herstellen.

Was ist die Lapita-Kultur?

Lapita ist der Name für eine menschliche Gesellschaft, die es bereits ab 1500 v. Chr. in Polynesien gab. Der Ursprung dieser Kultur liegt vermutlich in Neuguinea. Als Haustiere hielten die Menschen, die vom Ackerbau lebten, Hunde und Hühner. Man hat auch etliche Keramikgegenstände aus der damaligen Zeit gefunden, die zum Teil sehr kunstvoll verziert sind.

Etwa 25000 Inseln sind über den Südpazifik verstreut. Aber nur wenige tausend von ihnen sind bewohnt. Vor über 10000 Jahren wurden sie von Südostasien aus besiedelt. Heute teilt man die pazifischen Inseln in drei große Gruppen auf: Polynesien im Osten, Melanesien im Süden und Mikronesien im Norden. Die Leute in der Region leben vom Fischfang, Bergbau und vom Fremdenverkehr.

Wie wird in Polynesien tätowiert?

Die Tätowierung ist eine für Polynesien typische Kunst. Die Muster werden mit tiefen Schnitten in die Haut eingeritzt. Die Farbe wird durch das Verbrennen von Raupen hergestellt. Oft füllt man die Schnitte auch mit einer gummiartigen Masse aus Kaurischnecken.

Wer bewohnt die Norfolkinsel?

Die „Bounty" war ein Schiff, dessen Besatzung 1789 in der Südsee meuterte. Die Meuterei wurde niedergeschlagen, die Aufständischen wurden zuerst auf die Pitcairn-Inseln gebracht, später auf die Norfolkinsel umgesiedelt. Zuvor hatte man die Inseln schon als Strafkolonie genutzt. So sparte sich Australien den Bau von Gefängnissen. Australien hat der Norfolkinsel immer wieder angeboten, sie in den Australischen Bund aufzunehmen. Doch die Bewohner haben kein Interesse daran. Sie leben vom Tourismus. 30000 Urlauber im Jahr besuchen die 1400 Kilometer östlich von Australien gelegene Insel.

Die meisten Inseln in Ozeanien sind kleine Koralleninseln.

Wo macht man Stoffe aus Baumrinde?

Auf den Fidschiinseln wächst der Papiermaulbeerbaum. Seine Rinde wird abgezogen, eingeweicht und breit geklopft. Mehrere Schichten werden übereinander gelegt und zu Kleidung, Decken und Schmuck weiterverarbeitet.

Was kann man aus Kokosnüssen machen?

Auf allen Pazifikinseln wachsen Kokospalmen. Sie werden bis zu 30 Meter hoch. Aus den Palmen stellen die Menschen viele Produkte her. Die Fasern der Nüsse sind sehr feuchtigkeitsbeständig. Deshalb kann man aus ihnen Taue für die Schifffahrt, Kokosmatten, Teppiche und Bürsten machen oder Hängematten flechten. Das Samenfleisch schmeckt gut. Kokosfleisch besteht zu 37 Prozent aus Fett, das auch bei hohen Temperaturen nicht verbrennt. Aus diesem Grund ist es gut zum Braten zu verwenden. Die Kokosmilch ist ein leckeres Getränk. Halbierte Schalen eignen sich hervorragend als Ess- oder Trinkgefäße.

Wo bibbert und wo schwitzt man in Europa?

Im Norden Europas ist es kalt, im Süden sehr warm. Ganz im Norden wächst so gut wie nichts, denn die Erde ist im Winter und Frühling lange gefroren. In Skandinavien stehen riesige Nadelwälder, in denen Elche leben. Schwitzen kann man hier vor allem in der Sauna. Mischwälder mit Nadel- und Laubbäumen stehen in Mitteleuropa. Im Sommer brennt die Sonne in Südeuropa heiß auf die Erde. Hier wachsen der Feigenkaktus oder die Agave und Pflanzen mit dicken ledrigen Blättern, deren Oberfläche die gespeicherte Feuchtigkeit vor dem Verdunsten schützt.

Wo steht der höchste Kirchturm der Welt?

Der Turm des Ulmer Münsters ist mit 161 Metern Höhe der höchste Kirchturm der Welt. Für seinen Bau benötigte man rund 500 Jahre. In der riesigen Kirche im gotischen Stil finden bis zu 20000 Menschen Platz.

Ist der Montblanc der höchste Berg Europas?

Der Montblanc ist der höchste Berg der Alpen. Sein Gipfel liegt in 4807 Metern Höhe. Damit ist er aber nicht der höchste europäische Berg. Der Elbrus im Hohen Kaukasus mit seinen 5642 Metern ist eindeutig höher – und er wächst jährlich noch um zehn Millimeter.

Der Turm des Ulmer Münsters ist der höchste Kirchturm der Welt.

Agaven wachsen in Südeuropa.

Wo ist Europas Grenze?

Europa ist kein richtiger Kontinent, der ringsum von Wasser umgeben ist – so wie Afrika oder Australien. Europa und Asien bilden zusammen eine Kontinentalplatte. Sie sind am Ural, einem Gebirge in Russland, und am Kaukasus, einem Gebirge zwischen dem Schwarzen und dem Kaspischen Meer, verbunden. Und so gibt es Länder, die halb in Asien und halb in Europa liegen: Russland und die Türkei.

Stimmt es, dass in Stockholm die Sonne seltener scheint als in Zürich?

Nein. In Stockholm in Schweden scheint die Sonne im Juli durchschnittlich zehn Stunden am Tag, im Januar eine Stunde. In Zürich in der Schweiz scheint sie im Januar pro Tag auch eine Stunde. Allerdings hat Zürich im Juli im Schnitt nur acht Stunden Sonnenschein pro Tag.

Wo befindet sich Europas größter Süßwassersee?

Die meisten Seen Europas hat zweifellos Finnland zu bieten, doch der größte aller Süßwasserseen, der Ladogasee, liegt in Russland.

Warum tragen die Rinder in den Alpen Glocken?

Weil die Weiden auf den Berghängen der Alpen oft keine Zäune haben, tragen die Leittiere der Rinderherden Glocken. So kann der Bauer die Herde leicht wiederfinden. Kühe, die schon Milch geben, bleiben aber meist in der Nähe der Dörfer.

In den Alpen tragen die Kühe oft Glocken um den Hals.

Welches sind die längsten Flüsse Europas?

Der längste Fluss Europas ist die Wolga. Sie fließt 3531 Kilometer weit durch Russland, ehe sie ins Kaspische Meer mündet. Der zweitlängste Fluss ist die Donau. Sie entspringt in Deutschland und erreicht in Rumänien das Schwarze Meer.

Was frisst ein Vielfraß?

Der Vielfraß, der in den schwedischen Wäldern lebt, verdankt seinen Namen einer falschen Übersetzung des skandinavischen „Fjäl-Fräs", was so viel wie Felsenkatze bedeutet. Jedenfalls passt sein Name gut zu seinem ausgeprägten Appetit. Er frisst alles, was ihm nicht durch die Flucht entkommen kann. Zu seiner Beute zählen Schneehühner, andere Marderarten, Eichhörnchen, Füchse, Rentiere und Elchkälber. Das Tier sieht aus wie eine Mischung aus Marder, Hund und Bär. Es wird bis zu einem Meter lang.

Ursprünglich sollte der für die Weltausstellung von 1889 errichtete Eiffelturm 1909 wieder abgebaut werden. Er gefiel den Einwohnern von Paris jedoch so gut, dass man beschloss, ihn zu behalten.

Was haben Bernstein und Fischkonserven gemeinsam?

An der Ostseeküste findet man immer wieder Bernstein. Die gelben Stücke sind so leicht, dass sie auf dem Wasser schwimmen. Denn Bernstein ist eigentlich kein Stein, sondern war früher Baumharz. Manchmal sind im Bernstein Insekten oder Pflanzen zu entdecken, die am Harz kleben geblieben sind, als es noch dickflüssig war. Die Tiere und Pflandzen wurden im Bernstein konserviert. Weil keine Luft mehr herankam, konnten sie nicht verfaulen oder aufgefressen werden. Aus dem gleichen Grund kann man Fisch in Konservenbüchsen aufbewahren, ohne dass er zu stinken anfängt.

Häufig sind im Bernstein Pflanzen oder Insekten konserviert.

Berlin – hier das Brandenburger Tor – war von 1961 bis 1989 durch eine Mauer in zwei Hälften geteilt.

Woher haben die spanischen Mittelmeerküsten ihre Namen?

Die Namen weisen auf die Eigenarten der Küstenstreifen hin. Sie heißen von Nord nach Süd: Costa Brava – Wilde Küste, Costa Dorada – Goldküste, Costa del Azahar – Orangenblütenküste, Costa Blanca – Weiße Küste, Costa del Sol – Sonnenküste.

Ab wann stand Großbritannien unter Dampf?

In Großbritannien konnte sich früh Industrie entwickeln, denn hier wurde 1784 die Dampfmaschine erfunden. Außerdem gab es genug Kohle und Wasser für die Maschinen. Mit diesen konnte man Wolle spinnen, Tücher weben und Züge fahren lassen.

Was sind Plattenbauten?

Die meisten Stadtbewohner in den Ländern des früheren Ostblocks leben in Plattenbauten, die leicht und schnell zu bauen sind und in denen alle Wohnungen gleich sind. Besonders in Russland stehen fast überall auf dem Balkon die Einmachgläser, in denen Tomaten, Gurken und Marmelade für den Winter aufbewahrt werden.

Wie viele Leute besuchen jährlich den Eiffelturm?

Jedes Jahr kommen ungefähr sechs Millionen Besucher, um das Wahrzeichen Frankreichs zu besichtigen. Der Eiffelturm wurde 1889 erbaut und ist 300 Meter hoch.

Was ist die Berliner Mauer?

Eine Betonmauer trennte Berlin 28 Jahre lang in eine westliche und eine östliche Hälfte. Als im Jahr 1989 die Grenze zwischen der Deutschen Demokratischen Republik und der Bundesrepublik geöffnet wurde, stürmten die Berliner die Mauer.

WIRTSCHAFT

Vom Jäger und Sammler zum Viehzüchter und Landwirt mit eigenem Maschinenpark: Wie kein anderes Wesen hat es der Mensch in seiner langen Entwicklungsgeschichte verstanden, die Natur nach seinem Willen zu formen.
Auf einstmals kargen Böden entspringen dank moderner Bewässerungsmethoden blühende Weizenfelder, und selbst abgelegene Orte verfügen wie selbstverständlich über eine eigene Strom- und Energieversorgung. Doch angesichts solcher Erfolge wird oft vergessen, dass der Mensch auch heute noch immer in vielen Dingen von der Natur abhängig ist und sie ihm seine großen Errungenschaften erst möglich gemacht hat.

Wovon leben die Menschen?

Alles, was die Menschen zum Leben brauchen, entnehmen sie den auf der Erde vorhandenen Materialien: Sie ernähren sich von Wasser, Tieren und Pflanzen, gewinnen Energie aus Wasser, Kohle oder Erdöl und bauen Häuser, Autos oder Computer aus Metallen, Gesteinen und aus Erdöl hergestellten Kunststoffen.

Sind Ressourcen und Rohstoffe dasselbe?

Ressourcen sind alle Stoffe und Dinge, die uns Menschen natürlicherweise zur Verfügung stehen, also auch das Sonnenlicht oder der Wind. Rohstoffe nennt man dagegen nur solche Ressourcen, die tatsächlich als Stoffe vorliegen, wie Holz, Metalle oder Erdöl.

Was sind nicht erneuerbare Ressourcen?

Nicht erneuerbare Ressourcen sind Stoffe, die wir brauchen, die aber nicht unbegrenzt vorhanden sind. Dazu zählen etwa Erdöl, Erdgas, Kohle und viele Metalle. Während manche dieser Stoffe noch in großen Mengen vorhanden sind, werden andere, etwa das Erdöl, aus dem wir Strom und Benzin gewinnen, in absehbarer Zeit versiegen

Was sind erneuerbare Ressourcen?

Erneuerbare Ressourcen können die Menschen unbegrenzt verwenden, da sie – wie etwa Pflanzen – nachwachsen oder wie Sonnenlicht oder Wind ständig vorhanden sind.

Mithilfe von Solarzellen kann der Mensch die unerschöpfliche Energie der Sonne für sich nutzen.

Auch die vom Menschen angebauten Kultur- und Nutzpflanzen zählen zu den erneuerbaren Ressourcen.

Was sind fossile Brennstoffe?

Fossile Brennstoffe sind Stoffe wie Kohle, Erdgas oder Erdöl, die vor Jahrmillionen aus den Resten von Tieren und Pflanzen entstanden und heute meist unter der Erde zu finden sind. Obwohl sie aufgrund ihrer Herkunft streng genommen zu den erneuerbaren Ressourcen gezählt werden müssten, benötigt die Entstehung fossiler Brennstoffe derart lange, dass man sie als nicht erneuerbare Ressource wertet. Fossile Brennstoffe sind derzeit die wichtigsten Energieträger und zudem der Ausgangsstoff für zahllose Kunststoffe.

Wie baut man Kohle ab?

Dazu muss zunächst zwischen dem Abbau von Braunkohle und Steinkohle unterschieden werden. In Deutschland liegt die kohlenstoffreiche Steinkohle oft unter Hunderten von Metern massiver Gesteinsschichten tief im Boden verborgen und lässt sich daher nur im aufwändigen Bergbau gewinnen. Die kohlenstoffärmere und damit weniger wertvolle Braunkohle liegt dagegen meist in großen Lagerstätten dicht unter der Erdoberfläche und kann im Tagebau abgebaut werden. In vielen anderen Ländern liegen jedoch auch die begehrten Steinkohlevorräte hoch genug, um sie im Tagebau zu erreichen.

Wo findet man Erdöl?

Erdöl kommt im Boden unter allen Kontinenten und unter dem Meeresboden vor. Die wichtigsten Lagerstätten befinden sich im Nahen Osten, z. B. in Saudi-Arabien und im Irak, aber auch in Russland, in Afrika, in Indonesien und sogar in der Nordsee gibt es reiche Erdölvorkommen.

Wie lange reicht das Erdöl?

Aktuelle Schätzungen gehen davon aus, dass, falls keine nennenswerten neuen Reserven gefunden werden und der weltweite Energieverbrauch konstant bleibt, die vorhandenen Erdölvorräte um das Jahr 2040 herum aufgebraucht sein werden. Etliche bekannte Lagerstätten sind so unzugänglich, dass sich die Ölförderung nicht lohnt.

Wie entsteht Benzin?

Benzin wird aus Erdöl gewonnen. Das Erdöl wird als so genanntes Rohöl aus der Tiefe der Erde gepumpt und dann in Raffinerien von störenden Anteilen befreit. So entstehen verschiedene Qualitätsstufen vom Heizöl über Diesel und Benzin bis zu den Ausgangsstoffen für Kunststoffe, Waschmittel und Medikamente.

Kann man Benzin auch aus Pflanzenöl gewinnen?

Herkömmliches Benzin kann man aus Pflanzenöl nicht herstellen, aber aus Rapsöl lässt sich eine Form des Dieselkraftstoffs gewinnen. Biodiesel lässt sich in Dieselfahrzeugen verwenden.

Woraus kann man Energie gewinnen?

Heute wird der größte Anteil der Energie, die wir verbrauchen, aus Kohle, Erdöl und Erdgas erzeugt. Darüber hinaus finden vor allem die aus dem Uran gewonnene Atomenergie sowie Wind- und Wasserkraft Verwendung.

Wie kann man aus Wind und Wasser Energie erzeugen?

Grundlage der heutigen Stromerzeugung ist ein Generator, der seine Energie aus einer sich drehenden Turbine bezieht. Um die benötigte Drehbewegung zu erzeugen, lassen sich auch Wind oder schnell fließendes Wasser einsetzen.

Die Bedeutung von Windenergie bei der weltweiten Stromversorgung nimmt beständig zu.

Wie nutzt man Sonnenenergie?

Während bei der Solarzelle die Sonnenenergie direkt in Strom umgewandelt wird, heizen Sonnenkollektoren zunächst Wasser auf, um anschließend ein Haus mit Wärme zu versorgen oder aber indirekt über Turbinen Strom zu erzeugen. Dieses Verfahren ist zwar komplizierter, erzeugt aber viel mehr Energie.

Gibt es auch Mondenergie?

Die gibt es tatsächlich: Der Erdtrabant ist nämlich für Ebbe und Flut der Meere verantwortlich. In Gezeitenkraftwerken produziert das Hinundherfließen der Wassermassen große Mengen Strom.

Hat die Atomenergie eine Zukunft?

Die Kernspaltung in einem Atomkraftwerk erzeugt zwar riesige Mengen an Energie, der entstehende radioaktive Abfall ist jedoch überaus gefährlich. In Deutschland werden daher alle Atomkraftwerke nach und nach abgeschaltet.

Was ist ein Fusionskraftwerk?

Viele Forscher hoffen, einmal die in der Sonne stattfindende Kernverschmelzung zur Energiegewinnung auf der Erde nachahmen zu können. Sollten sie Erfolg haben, könnten diese Fusionskraftwerke die Energiequelle der Zukunft werden.

Aus den leuchend gelb blühenden Rapspflanzen lässt sich Biodiesel gewinnen.

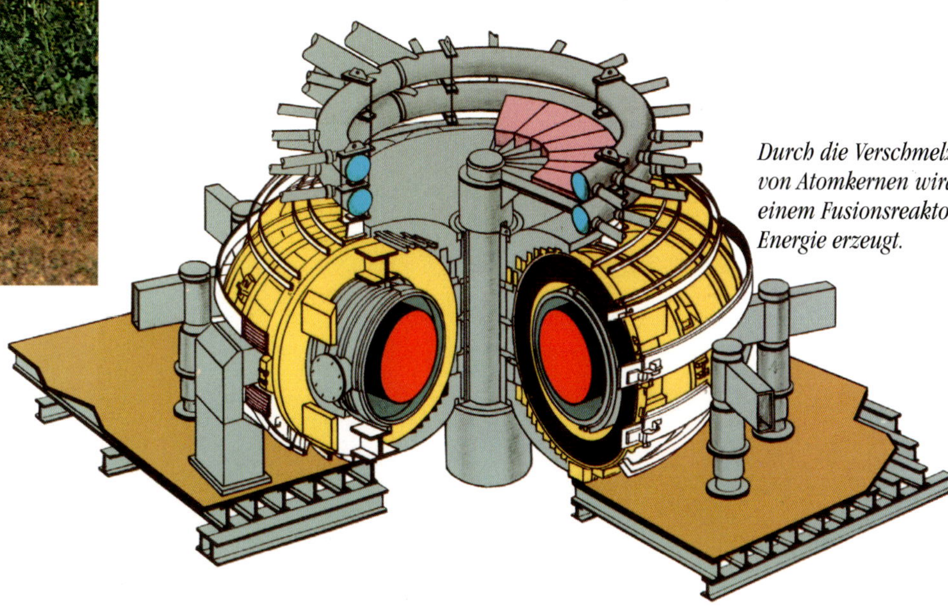

Durch die Verschmelzung von Atomkernen wird in einem Fusionsreaktor Energie erzeugt.

Wo findet man Metalle?

Metalle wie Eisen, Gold, Kupfer oder Aluminium kommen entweder rein (gediegen) oder in Verbindung mit anderen Stoffen in so genannten Erzen vor. Erze nennt man alle mineralhaltigen Gesteine, in denen der Anteil an einem Metall so groß ist, dass man es mit wirtschaftlichem Nutzen daraus gewinnen kann.

Welches Metall kommt am häufigsten auf der Erde vor?

Obwohl es niemals in reiner Form auftritt, ist Aluminium das häufigste metallische Element der Erde. Es wird aus dem Aluminiumerz Bauxit gewonnen und findet wegen seines geringen Gewichts und seiner hohen Stabilität im Fahrzeugbau, aber auch für die Produktion von Haushaltsgegenständen und in der Elektroindustrie Verwendung. Die größten Bauxitlagerstätten finden sich in Australien, wo über 60 Prozent des Weltvorkommens vermutet werden.

Was war der Goldrausch?

Als im 19. Jahrhundert in einigen Gegenden Nordamerikas und Australiens größere Goldfunde gemacht wurden, strömten Tausende von Menschen dorthin, um als Goldschürfer ihr Glück zu versuchen. Allein im Jahr 1849 zogen so weit über 80000 Menschen an die Westküste Amerikas.

Über kilometerlange Kupferkabel wird der in den Kraftwerken erzeugte Strom zur heimischen Steckdose transportiert.

Das Dach dieses Tempels ist vollständig mit Gold überzogen. Mit Anlagen wie dieser wird der Glanz der Götter zum Ausdruck gebracht.

Quarzsand liefert das Ausgangsmaterial für die hoch empfindlichen Siliziumplatten, ohne die kein Computerchip hergestellt werden kann.

Woraus besteht Blattgold?

Blattgold besteht tatsächlich aus Gold, das aber als Schmuck des Buchschnitts oder zum Vergolden von Kircheninnenräumen ganz dünn ausgewalzt und aufgetragen wird. Blattgold ist nur etwa ein Mikrometer dick, das entspricht einem Tausendstel Millimeter.

Welches ist das älteste Metall?

Entstanden sind alle Metalle zugleich mit der Erde selbst, also vor etwa fünf Milliarden Jahren. Doch das Metall, das die Menschen als Erstes zu nutzen anfingen, war Kupfer. Aus der Zeit vor etwa 8000 bis 9000 Jahren stammen die ältesten Funde von kupfernen Speerspitzen oder kleinen Schmuckstücken. Die ersten Spuren der Eisenverarbeitung im Nahen Osten gehen bis ins Jahr 4800 v. Chr. zurück, bei uns in Mitteleuropa beginnt die Eisenzeit erst etwa 1000 v. Chr.

Woraus bestehen Stromkabel?

Strom- und Telefonkabel bestehen meistens aus Kupfer. Das ist ein häufiges und leicht zu verarbeitendes Metall, das sehr gut den Strom leitet und auch oft in Legierungen verwendet wird.

Was sind Mineralien?

Mineralien sind chemische Elemente oder Verbindungen, die als Gestein in der Erdkruste vorkommen. Zu den Mineralien zählen z. B. die Metalle Kupfer, Gold und Silber, aber auch Edelsteine wie Diamanten, Smaragde, Saphire und Opale.

Sind Mineralien essbar?

Der Körper braucht geringe Mengen Mineralien zum Überleben, die man aber in allen Nahrungsmitteln und vor allem im Mineralwasser genügend zu sich nimmt. Ein besonderer Fall ist das Salz, ein Mineral, das wir in der Küche verwenden. Salz wird aber nicht nur in Bergwerken abgebaut, sondern vor allem aus dem Meer gewonnen. Hierzu wird Meerwasser auf riesige küstennahe Flächen geleitet, wo das Wasser langsam verdunstet und nur das Salz zurückbleibt.

Seit wann gibt es Landwirtschaft?

Die ersten Menschen betätigten sich als Jäger und Sammler. Sie aßen immer nur die Tiere, die sie bei ihren täglichen Beutezügen erlegten, und die Pflanzen und Früchte, die sie in ihrer Umgebung sammelten. Erst vor etwa 9000 Jahren, begann man damit, Tiere zu halten und sich so vom Jagderfolg unabhängig zu machen und Getreide wie Weizen und Gerste anzubauen.

Was isst der Mensch?

Der Speiseplan in Europa ist äußerst vielfältig, doch die Zahl der Grundnahrungsmittel, von denen sich der Mensch ernährt, ist bei uns wie in den ärmeren Ländern der Erde nicht sehr groß. Die wichtigste Rolle spielen die pflanzlichen Lebensmittel und unter ihnen die Getreide. Dazu zählen Weizen und Gerste, aber auch Mais, Reis und Hirse, die vor allem in den warmen Regionen der Erde wachsen. Unter den tierischen Nahrungsmitteln dominieren weltweit Rinder, Schweine, Schafe und Hühner.

In den wärmeren Regionen dieser Erde gehört der Reis zu den wichtigsten Nutzpflanzen.

Woher stammt die Kartoffel?

Viele denken, die Kartoffel gäbe es bei uns schon immer, doch das ist falsch. Seefahrer brachten die Knollenfrucht im 16. Jahrhundert aus Amerika nach Spanien, von wo sie sich bald über Europa verbreitete. Knollenfrüchte spielen überall auf der Welt eine große Rolle bei der Ernährung. Wo die Kartoffel nicht gut gedeiht, essen die Menschen Maniok, Süßkartoffeln oder Jamswurzeln.

Wozu brauchen wir Obst und Gemüse?

Während Getreide und Knollenfrüchte zur Grundversorgung der Menschen notwendig sind, liefern Obst und Gemüse zusätzliche Stoffe, die unsere Gesundheit fördern. Sie enthalten viele Vitamine, Mineralien, Ballaststoffe und so genannte sekundäre Pflanzenstoffe. Viele arme Leute in den Entwicklungsländern essen fast nur Grundnahrungsmittel und werden daher viel leichter krank als z. B. die Menschen in Europa.

Traktoren und andere Maschinen erleichtern vielen Bauern das mühsame Geschäft der Landwirtschaft.

Die Bedeutung der Landwirtschaft wird von den zum größten Teil in Städten lebenden Bewohnern der Industrienationen gerne unterschätzt. Dabei stellt sie eine der bedeutendsten Errungenschaften der Menschheit dar. Denn die Natur allein wäre ohne die Hilfe von Viehzucht und Ackerbau – egal, ob nun von Hand oder mithilfe tonnenschwerer Erntemaschinen betrieben – gar nicht in der Lage all die Menschen zu versorgen, die momentan auf der Erde leben.

Haben alle Bauern Traktoren?

Während in den Industrieländern nahezu jeder Bauer Traktoren und Erntemaschinen bzw. große Stallanlagen und Melkmaschinen besitzt, müssen sich die Menschen in ärmeren Ländern mit einfachen Hilfsmitteln wie etwa Hacke, Sense und Einhandpflug behelfen.

Woher kommt die Milch?

Der größte Anteil der Milchproduktion stammt von Rindern. Man braucht die Milch nicht nur zum Trinken, sondern auch zur Herstellung vieler weiterer Produkte wie Sahne, Butter oder Käse. Aber auch Schafe, Ziegen, Kamele und sogar Pferde finden als Milchtiere Verwendung.

Welches Fleisch essen wir am häufigsten?

Obwohl es auf der Welt viel mehr Hühner, Rinder, Schafe und Ziegen gibt als Schweine, übertrifft der Verzehr von Schweinefleisch doch den von allen anderen Tierarten. Das liegt daran, dass die meisten anderen Tiere nicht nur wegen ihres Fleisches, sondern auch wegen der Milch oder der Eier gehalten werden.

Das Schwein gehört zu den wenigen Haustieren, die allein ihres Fleisches wegen gehalten werden.

Was versteht man unter der Bodenhaltung von Hühnern?

Um den riesigen Bedarf an Hühnereiern zu decken, wurde die Hühnerhaltung immer weiter industrialisiert. Dies führte zu den so genannten Legebatterien, in denen Tausende von Hühnern auf engstem Raum in Käfigen eingesperrt sind. Dagegen protestierte die Tierschutzbewegung, und in der Folge stieg die Nachfrage nach Eiern aus artgerechter Haltung. Bei der Bodenhaltung haben alle Hennen Auslauf auf dem Boden, bei der Freilandhaltung sogar Auslauf auf Freiflächen.

Welches ist das häufigste Getreide?

In Europa, Australien und Nordamerika steht Weizen an der Spitze der Getreideproduktion. Daraus werden z. B. Mehl, Brot und Nudeln hergestellt. In wärmeren Regionen wächst Reis besser. Er wird direkt als Nahrungsmittel gegessen oder ebenfalls zu Mehl, Öl und anderem weiterverarbeitet.

Sind die gentechnisch veränderten Lebensmittel gefährlich?

Über diese Frage besteht keine Einigkeit. Kurzfristige Schäden sind zwar nicht nachweisbar, aber wegen möglicher Spätfolgen und weil Umweltschützer fürchten, dass die Genpflanzen die ursprünglichen Gattungen verdrängen könnten, möchten die meisten Deutschen momentan keine gentechnisch veränderten Lebensmittel kaufen.

Wie wichtig ist die Bodenqualität?

Nicht jeder Boden ist gleich gut für die Landwirtschaft geeignet. Am besten gedeihen Pflanzen auf tiefgründigen, humus- und mineralstoffreichen Böden, wie etwa dem Lössboden.

Woraus besteht Dünger?

Dünger sind Stoffe oder Stoffgemische, die man dem Boden zuführt, um den Ertrag der Felder zu erhöhen. Früher benutzten die Bauern dafür Mist oder Pflanzenkompost, heute finden überwiegend Kunstdünger Verwendung, die Stickstoff, Phosphor, Kalium und Natrium enthalten.

Was ist Kompost?

Kompostierung ist die Zersetzung organischen Materials durch Mikroorganismen, Ringelwürmer, Asseln und andere Kleintiere. Das Endprodukt heißt Kompost. Fertiger Kompost ist ein hervorragender Dünger und ein sehr guter Bodenverbesserer.

Vor der Einführung von Pflanzenschutzmitteln haben Schädlinge immer wieder riesige Missernten verursacht.

Für eine vernünftige Bewirtschaftung der Wälder ist der Einsatz schwerer Fahrzeuge unumgänglich.

Was ist eine Missernte?

Durch Trockenheit oder Schädlingsbefall kam es früher immer wieder zu großen Ernteausfällen. Im 19. Jahrhundert verhungerten Hunderttausende von Iren, weil Schädlinge die gesamte Kartoffelernte zerstörten. Durch Schädlingsbekämpfung und Düngemittel sind Missernten seltener geworden, doch in Ländern mit heißem Klima kann es auch noch heute aufgrund von Dürreperioden große Ernteausfälle geben.

Was sind Pflanzenschutzmittel?

Dies sind Stoffe, die auf Pflanzen aufgebracht werden, um sie vor Schädlingen und Krankheitsbefall zu schützen. Sie haben dazu beigetragen, die Ernten sicherer zu machen. Allerdings sind diese Stoffe oft auch für den Menschen schädlich, sodass zu große Mengen Pflanzenschutzmittel nicht verwendet werden dürfen.

Gibt es bei uns noch Urwälder?

Die Wälder in Deutschland werden – bis auf ganz wenige Ausnahmen in besonderen Naturreservaten – alle bewirtschaftet und wurden vom Menschen angepflanzt. Für die Bewirtschaftung der Wälder sind die Förster und Waldarbeiter zuständig. Sie fällen Bäume für die Möbel- und Papierindustrie und pflanzen immer wieder neue Bäume nach.

Auf dem Papier, das die Papierindustrie aus dem Holz der Bäume herstellt, wird auch die täglich erscheinende Zeitung gedruckt.

Seit wann gibt es Fischerei?

Schon in der Altsteinzeit, also vor mehreren 100000 Jahren, haben die Menschen damit begonnen, Fische zu fangen oder Muscheln und Schnecken aus dem Meer oder aus Flüssen und Seen zu essen. Etwa ab 8000 vor Christus bauten die Menschen erste einfache Boote und einige spezialisierten sich auf den Fischfang.

Welche Fische fängt der Mensch?

In der Regel unterscheidet man zwischen Süßwasser- und Meeresfischen. Süßwasserfische sind alle Fische, die in Flüssen und Seen leben, z. B. viele Forellensorten, Karpfen, Hechte oder Renken. Zu den Meeresfischen gehören Thunfisch, Hering, Kabeljau, Makrelen und Plattfische wie die Scholle oder die Seezunge.

Was sind Meeresfrüchte?

Meeresfrüchte sind alle tierischen Lebensmittel aus dem Meer außer den Fischen. Dazu zählen vor allem Muscheln, Austern, Krabben, Garnelen, Langusten, Hummer und Tintenfische.

Sind Wale die größten Fische?

Die größten Meeresbewohner, die Wale, sind keine Fische, sondern Säugetiere. Da die Walbestände stark zurückgegangen sind, einigten sich die meisten Länder auf einen Walfangstopp. Japanische und norwegische Walfänger machen jedoch trotzdem Jagd auf die Meeresriesen.

Die Fischerboote im Nordseehafen werden unter anderem zum Heringsfang eingesetzt.

Die Fischernetze werden oft an mehreren Schiffen befestigt und dann durchs Wasser gezogen.

Frischer Fisch wie diese Regenbogenforellen liegt im Geschäft auf Eis.

Welche Arten der Fischerei gibt es?

Man unterscheidet drei Arten des gewerblichen Fischfangs: die Hochseefischerei, die Küstenfischerei und die Binnenfischerei, die in Flüssen und Seen betrieben wird.

Was ist Aquafarming?

So wie die Menschen Schweine, Rinder und Hühner auf Farmen halten, züchten sie auch einige Fischsorten oder andere Meerestiere wie Muscheln, Austern oder Tintenfische. Dies nennt man Aquafarming, von „aqua" (Wasser) und „farming" (Landwirtschaft). Die größte Rolle spielt die Zucht bei Forelle, Lachs, Heilbutt oder Karpfen.

Wie fängt man Fische?

Wer nur für seinen eigenen Bedarf oder als Hobby Fische fängt, benutzt dafür eine Angel. Der professionelle Fischfang wird überwiegend mit Netzen, Angelleinen oder Reusen betrieben. Die Netze werden entweder fest aufgestellt oder von Booten gezogen. Mit Angelleinen fängt man z. B. Thunfische. Reusen sind Fischfallen.

Werden alle Fische gegessen?

Rund ein Drittel des Fischfangs wird in Fabriken als Fischmehl zu Tierfutter verarbeitet.

Was ist Beifang?

Vor allem beim Fischfang mit großen Netzen und langen Angelleinen erbeuten die Fischer nicht nur die Fischarten, nach denen sie suchen. Bekannt und vielfach kritisiert ist z. B. der Beifang von Delfinen beim Tunfischfang. Fast ein Drittel aller gefangenen Tiere, das sind ca. 30 Millionen Tonnen pro Jahr, werden – oft bereits tot oder tödlich verletzt – ungenutzt wieder über Bord geworfen.

UMWELT

Heute bewohnen über sechs Milliarden Menschen die Erde. Um sich am Leben zu erhalten, verbrauchen sie riesige Mengen an Rohstoffen. Gleichzeitig entsteht dabei eine enorme Belastung der Umwelt, das heißt des natürlichen Lebensumfelds der Menschen. Haushalte, Industriebetriebe und Fahrzeuge verschmutzen die Luft, Gewässer und Böden werden verunreinigt, und stark besiedelte Gebiete leiden zunehmend unter erhöhtem Lärm. Das größte Problem aber ist die globale Erwärmung des Klimas. National und international tätige Organisationen, aber auch politische Parteien kämpfen verstärkt gegen die Umweltzerstörung.

Was ist ein Ökosystem?

Ein Ökosystem umfasst alle Lebewesen in einem bestimmten Gebiet und beschreibt, wie sie von der sie umgebenden unbelebten Umwelt abhängig sind. So gehören zum Ökosystem eines Sees alle Tiere und Pflanzen, die im oder am See leben, aber auch die Lage des Sees, die Bodenbeschaffenheit, die klimatischen Verhältnisse und vieles mehr. Andererseits kann man auch die ganze Erde als ein in sich geschlossenes Ökosystem betrachten: Die Energie wird von der Sonne geliefert und mit ihrer Hilfe bilden sich pflanzliche Stoffe, die von anderen Lebewesen verwertet werden.

Zum Ökosystem eines Sees, wie hier in Finnland, gehören alle Tiere und Pflanzen, die in seiner Umgebung leben.

Sind Ökosysteme stabil?

Die Ökosysteme in dicht besiedelten Regionen wie Europa werden oft gestört. Wenn die Menschen Straßen oder Siedlungen bauen, Bäche und Flüsse begradigen oder im Sommer einen See zum Windsurfen benutzen, greifen sie in das bestehende Ökosystem ein, oft mit schlechten Folgen für die dort lebenden Tiere und Pflanzen.

Was ist ein Biotop?

Das Biotop ist der Raum, in dem ein Ökosystem angesiedelt ist. Nicht nur natürliche Umgebungen wie Wälder, Flüsse oder Seen können als Biotope verstanden werden. Auch künstlich geschaffene Räume wie Städte, Bahngleise oder sogar Mülldeponien bieten Tieren und Pflanzen brauchbare Lebensräume.

Pflanzen erzeugen den für uns lebenswichtigen Sauerstoff.

Welche Bedeutung hat der Regenwald?

Regenwälder sind die immergrünen Wälder der feucht-heißen Tropen. In den Regenwäldern leben besonders viele Pflanzen- und Tierarten. Sie haben auch eine wichtige Funktion für das Klima und die Umwelt auf der ganzen Erde. Die größten zusammenhängenden Regenwaldgebiete liegen in Südamerika in der Region um den Amazonas.

Woher kommt der Sauerstoff?

Sauerstoff ist das häufigste Element auf der Erdoberfläche. Er kommt sowohl in der Luft als auch als Bestandteil des Wassers und in der Erdkruste in zahlreichen Gesteinen vor. Der Luftsauerstoff geht dabei fast ausschließlich auf die Fähigkeit der Pflanzen zurück, bei der Fotosynthese Sauerstoff an die Luft abzugeben. Gäbe es keine Pflanzen, würden alle höheren Lebewesen ersticken!

Warum sterben manche Tierarten aus?

Die Gründe für das Aussterben einer Art können sehr unterschiedlich sein, denn schon immer sind manche Tiergruppen wie z. B. die Dinosaurier von der Erde verschwunden. Doch der Mensch hat die Gefahr verschärft. Manche Arten wie die Bisons hat er durch die Jagd ausgerottet, andere durch Veränderungen im Ökosystem. So leben nur noch wenige Große Pandabären in China, weil ihre Nahrung, die Bambuswälder, abgeholzt werden.

Wie funktioniert der Wasserkreislauf?

Durch Erwärmung verdampft ein kleiner Teil der Wasservorräte der Erde und gelangt in die Atmosphäre, wo sich Wolken formen. Als salzloser Regen fällt das Wasser entweder direkt ins Meer oder auf das Land, wo es über Flüsse ins Meer zurückfließt oder zuvor bereits verdunstet.

Was ist eine Nahrungskette?

Pflanzen wachsen, wenn sie genug Wasser und Sonnenlicht haben. Sie werden von Pflanzenfressern verzehrt, die wiederum zur Beute eines Fleisch- oder Allesfressers werden. Diese gegenseitigen Abhängigkeiten heißen Nahrungskette.

Wie viele Tierarten gibt es auf der Erde?

Etwa 1,1 Millionen. Davon entfallen allein 750000 auf Insekten. Man zählt aber nur etwa 4250 Säugetierarten – zu ihnen gehören auch die Menschen.

Was passiert, wenn eine Art ausstirbt?

Zuerst gehen die Bestände der Tierart immer weiter zurück, und es wird schwieriger für die männlichen und die weiblichen Tiere, zueinander zu finden. Irgendwann sterben dann die letzten Vertreter der Art, ohne Nachkommen gezeugt zu haben.

Ist das Artensterben nicht etwas Normales?

Schon immer sind Tiere durch Naturkatastrophen oder veränderte Umweltbedingungen wie z. B. Eiszeiten ausgestorben. Durch die Eingriffe des Menschen in die Natur sterben heute aber etwa 1000-mal so viele Tierarten aus wie früher.

Was können Menschen gegen das Artensterben tun?

Wo es geht, können Naturschutzgebiete eingerichtet werden. In anderen Fällen helfen internationale Abkommen über Jagd- und Fischereiverbote. Manchmal werden stark bedrohte Arten auch durch Züchtung, z. B. in Zoos, und spätere Auswilderung vor dem Aussterben gerettet.

Oft testet man an Tieren neu entwickelte Medikamente.

Luchse sind in Europa vom Aussterben bedroht.

Sterben auch bei uns Tiere aus?

Gerade in dicht besiedelten Gebieten wie Europa sind schon viele Arten ausgestorben. Heute ist z. B. der Luchs, die einzige größere Wildkatze in unsereren Breiten, vom Aussterben bedroht. In Deutschland leben nur noch etwa 15 Exemplare.

Sind auch Insekten gefährdet?

Unter den Insektenarten sind viele Schmetterlinge und Käfer bedroht. Sie leiden vor allem unter der geringer werdenden Pflanzenvielfalt.

Wie behandelt der Mensch die Nutztiere?

Seit Jahrtausenden hält der Mensch Tiere wegen der Milch, des Fleisches oder der Eier. Doch in letzter Zeit wurde die Tierhaltung industrialisiert, die Lebensbedingungen der Tiere haben sich stark verschlechtert. Viele Naturschützer fordern deswegen ein Verbot der Massentierhaltung.

Warum braucht man Tierversuche?

Wenn Firmen Medikamente oder Parfüms erfinden, müssen sie testen, ob die Produkte für den Menschen ungefährlich sind. Da viele Tiere ähnlich reagieren wie der Mensch, macht man zunächst Tierversuche. Allerdings stellt sich die Frage, ob Tiere wirklich zu rein kosmetischen Zwecken gequält und getötet werden dürfen.

Ein Hahn und eine Henne fühlen sich auf dem Misthaufen wohl. Doch viele Nutztiere haben es nicht so schön, sie fristen ihr Leben eng zusammengepfercht im Massenstall.

Seit wann gibt es Umweltschutz?

Als erste Umweltschutzmaßnahmen kann man schon z. B. die hohen Schornsteine von Fabrikanlagen aus dem 19. Jahrhundert ansehen oder die Einrichtung erster Naturschutzgebiete wie in der Lüneburger Heide um 1920. Der Umweltschutz im heutigen Sinn ist eine Entwicklung, die ab den 60er-Jahren des 20. Jahrhunderts einsetzte. Seit 1994 ist der Umweltschutz in Deutschland als Staatsziel im Grundgesetz verankert.

Was ist Smog?

Früher nannte man Smog die vor allem im Winter auftretende Dunstglocke aus Ruß und Schwefeldioxid, die von Fabriken und den Heizungen der Privatwohnungen ausgestoßen wurde. Heute kommt dieser „Wintersmog" kaum noch vor. Sommersmog ist die seit einigen Jahren gemessene hohe Ozonbelastung der Atemluft, die bei intensiver Sonneneinstrahlung auftritt.

Welches ist die größte Umweltgefahr?

Wissenschaftler glauben, dass die Zunahme des Kohlendioxidgehalts in der Luft die größte Gefahr für die Umwelt ist. Das Gas entsteht bei der Verbrennung und verursacht den so genannten Treibhauseffekt. Reichert sich Kohlendioxid in der Atmosphäre an, verhindert es, dass die Wärme in den Weltraum gelangt. Stattdessen reflektiert Kohlendioxid die Wärme, was zu einer Aufheizung des Klimas führt.

Durch den Treibhauseffekt könnte das Klima bei uns milder werden – oder kühler.

Autoabgase sind schädlich für die Umwelt.

Schon früh im 20. Jahrhundert hat man das Naturschutzgebiet im Zentrum der Lüneburger Heide eingerichtet.

Man misst sowohl die erhöhten Kohlendioxidwerte in der Atmosphäre als auch eine steigende Welttemperatur. Inzwischen gibt es am Zusammenhang zwischen Erderwärmung und Kohlendioxidanteil in der Luft keinen Zweifel mehr.

Kann man den Treibhauseffekt messen?

Die Gletscher und – wichtiger – das Eis an den Polen schmelzen, weil es immer wärmer wird. Das führt zu einem Teufelskreis, weil das Eis die Luft abkühlt und zudem Sonnenlicht direkt in den Weltraum zurückwirft, ohne es in Wärme umzuwandeln. Wenn es also weniger Eis gibt, wird es noch wärmer auf der Erde, und dann schmilzt noch mehr Eis.

Warum schmelzen die Gletscher?

Niemand weiß genau, was die Folgen der Erderwärmung sein werden. Wenn bei uns die Durchschnittstemperatur steigt, könnten aber tatsächlich Pflanzen gedeihen, die bisher im Winter erfroren wären.

Wachsen in Deutschland bald Palmen?

Das Klima der Erde ist ein extrem kompliziertes System, auf das unendlich viele Faktoren Einfluss nehmen. Das Wetter in Europa wird vom Atlantik bestimmt, in dem der Golfstrom warmes Wasser nach Norden führt. Wenn mehr Schmelzwasser von den Polen die Wassertemperatur verändert, könnte der Golfstrom versiegen, und dann würde es bei uns viel kälter als jetzt!

Wieso kann die Erderwärmung auch zu einer Eiszeit führen?

Seit einigen Jahren muss in allen Autos mit Benzinmotoren ein Katalysator eingebaut sein, der die giftigen Abgase reduziert. Dieselmotoren fahren aber noch ohne Reinigungssysteme und produzieren viel Ruß. Einige Hersteller bieten schon Rußfilter an, mit dem auch diese Autos sauberer werden. Die beste Maßnahme gegen Abgase ist aber, das Auto stehen zu lassen und stattdessen mit dem Fahrrad oder dem Zug zu fahren.

Was kann man gegen Autoabgase tun?

Was ist ein Ozonloch?

Seit Ende der 60er-Jahre des letzten Jahrhunderts registrieren Wissenschaftler eine Verringerung der Ozonwerte in höheren Atmosphäreschichten über der Antarktis, später auch über der Arktis. Vor allem nach dem Polarwinter war so wenig Ozon vorhanden, dass man seit den 80er-Jahren von einem „Ozonloch" sprach. Ozon in der Atmosphäre ist aber sehr wichtig, da es uns vor der ultravioletten Strahlung der Sonne schützt.

Welches ist die Ursache für die Ozonlöcher?

Als Hauptursache stellten Wissenschaftler einen Stoff fest, mit dem die Menschen die Atmosphäre verunreinigten, die so genannten Fluorchlorkohlenwasserstoffe, kurz FCKW, die z. B. als Treibgase in Spraydosen verwendet wurden. Der Verbrauch von FCKW wurde fast völlig verboten.

Wird das Ozonloch immer größer?

Jahrelang registrierte man eine Zunahme der Ozonlöcher, erst in jüngster Zeit scheint die Entwicklung zu stagnieren. Da FCKWs 10 bis 15 Jahre brauchen, bis sie zur Ozonschicht gelangen, hofft man, dass dies eine erste Folge des FCKW-Verbots ist und dass die Ozonlöcher über den Polen in 30 Jahren wieder geschlossen sein werden.

Wie gefährlich sind Ozonlöcher?

Die ultraviolette Strahlung der Sonne kann Haut- und Genschäden bei Lebewesen verursachen. In Australien, das in der Nähe des südlichen Ozonloches liegt, hat man die Sonnenschutzmaßnahmen deutlich verstärkt. Dort wird von einem ungeschützten Aufenthalt in der Sonne abgeraten.

Wirkt der Sommersmog den Ozonlöchern entgegen?

Tatsächlich bewirkt genau derselbe Stoff, der in der Atmosphäre so wichtig ist, in unserer Atemluft den so genannten Sommersmog. Doch das Ozon, das in Bodennähe entsteht, gelangt nicht bis zur Ozonschicht in der Stratosphäre, sondern löst sich vorher auf. Daher „hilft" der Sommersmog nicht gegen die Ozonlöcher.

In Sydney wie auch an anderen Orten in Australien, sollte man nicht ungeschützt in die Sonne gehen.

Wenn Menschen belasteten Fisch essen, können sie krank werden.

Es gibt internationale Gruppierungen, die sich ohne eigenes Gewinnstreben für den Umweltschutz einsetzen. Eine der bekanntesten ist die 1971 gegründete Organisation Greenpeace. Die Mitarbeiter begeben sich oft zu den Orten, an denen ein Umglück droht oder schon geschehen ist. Mit gewaltfreien Mitteln versuchen sie einzugreifen. Aktivisten beobachten z. B. gefährdete Öltanker von Schlauchbooten aus. Greenpeace hat etwa 2,83 Millionen Mitglieder.

Welches sind die Folgen veränderter Flussläufe?

Um Güter auf Schiffen möglichst schnell über die Wasserstraßen zu transportieren, haben die Menschen den Verlauf von Flüssen begradigt. Zunächst einmal wurden dabei viele Flussauen ausgetrocknet, in denen seltene Pflanzen und Tiere lebten. Zugleich sorgten die Auen für eine natürliche Flussreinigung, die nun fehlt. Vor allem aber konnten die Auen große Mengen Wasser aufnehmen, wenn ein Fluss Hochwasser führte.

Sind Hochwasser gefährlicher geworden?

Durch die schnellere Fließgeschwindigkeit des Wassers und die fehlenden Überschwemmungsgebiete der Auen erreicht das Hochwasser die Orte am Fluss schneller und mit einem höheren Pegelstand als früher.

Können auch die Ozeane vergiftet werden?

Angesichts der ungeheuren Mengen Wasser in den Ozeanen wird kein Gift das gesamte Meerwasser belasten. Doch an den Küsten konzentrieren sich die Schifffahrt und die Abwasserzufuhr, sodass diese Gewässer stark verschmutzt werden.

Was ist eine Ölpest?

Bei einer Ölpest wird die Meeresküste durch Rohöl oder Schweröl verseucht, das aus verunglückten Öltankern ausläuft. Das führt in der Regel dazu, dass viele Seevögel und andere Tiere sterben. Zur Bekämpfung einer Ölpest wird versucht, das auf der Wasseroberfläche schwimmende Öl mit Spezialschiffen abzusaugen.

Bedroht das Gift im Meer auch den Menschen?

Wenn Gifte ins Meerwasser gelangen, werden sie dort von allen Lebewesen aufgenommen. Am Ende der Nahrungskette stehen die Fische, die das Gift nicht nur direkt, sondern über Muscheln und andere Kleinsttiere auch indirekt zu sich nehmen. So reichern sich ungesunde Stoffe wie Schwermetalle in Fischen besonders stark an. Wenn Menschen dann solche belasteten Fische essen, können sie auch selbst Schaden nehmen.

In den Flussauen leben viele seltene Tiere und Pflanzen.

Was versteht man unter Bevölkerungsexplosion?

Noch um 1804 gab es nur eine Milliarde Menschen, um Christi Geburt waren es sogar nur halb so viele. Doch seither ist die Zahl der Menschen sprunghaft, wie eine Explosion, gestiegen. Heute leben über sechs Milliarden Menschen auf der Erde, und für 2054 nimmt man eine Zahl von etwa neun Milliarden an.

Wird es Klimakatastrophen geben?

Seit ungefähr 100 Jahren kann man eine stete Erwärmung des Weltklimas feststellen, die sich in den letzten Jahren sogar beschleunigt hat. Die Gefahr besteht, dass die Veränderungen sehr schnell geschehen, sodass die Menschen nicht genügend Zeit haben, um sich darauf einzustellen. Wenn dann plötzlich Küsten überflutet oder fruchtbare Länder zu Wüsten werden, würden sehr viele Menschen in große Not geraten.

Kann man ausgestorbene Tiere wiederbeleben?

Wenn die Gentechnik Fortschritte macht, könnte es sein, dass man aus konserviertem Erbgut, der so genannten DNS, von ausgestorbenen Tieren neue Exemplare erzeugt. Dafür braucht man aber intaktes Erbgut, das sich in totem Gewebe höchstens 10000 Jahre lang erhält. Tiere wie die Dinosaurier, die schon vor 50 Millionen Jahren ausgestorben sind, wird es also nie wieder geben.

Die Erdbevölkerung steigt explosionsartig an.

Die Sonne wird in etwa fünf Milliarden Jahren erlöschen.

Wird die Umweltzerstörung immer weitergehen?

In Deutschland und in anderen reichen Ländern hat der Umweltschutz schon viele Erfolge erzielt, und in mancher Beziehung ist hier die Umwelt heute intakter als noch vor 30 Jahren. Vielleicht gelingt es der Menschheit trotz der Gefahr durch die ständig steigende Weltbevölkerung, die Natur weitgehend zu schützen und zu erhalten.

Wie lange wird es noch Autos geben?

Das Erdöl, aus dem man heute Benzin- und Dieselkraftstoffe herstellt, wird es nicht für immer geben. In 40 bis 50 Jahren muss der Mensch eine Alternative zur Energiegewinnung aus diesem Rohstoff gefunden haben.

Gibt es noch andere bewohnbare Planeten?

Der Weltraum ist unvorstellbar groß. Daher ist es möglich, dass auch andere Planeten gute Lebensbedingungen bieten. Doch die Entfernungen sind nach heutigen Kenntnissen unüberwindbar, weil ein Raumschiff Jahrtausende unterwegs wäre.

Wie lange wird es noch Leben auf der Erde geben?

Die Sonne, von der alles Leben auf der Erde abhängt, wird noch etwa fünf Milliarden Jahre lang scheinen und dann verlöschen. Dieses Ereignis wird kein Lebewesen überstehen. Doch wer weiß, ob es bis dahin noch Menschen gibt?

Noch in diesem Jahrhundert werden die zugänglichen Erdölreserven aufgebraucht sein. Bis dahin müssen alternative Energien gefunden sein.

Bildquellen: Archiv Naumann & Göbel (1) MEV (139), Miles Kelly Art Library (21), Photodisc (1), Picture Alliance (5), Uitgeverij Het Spectrum, B. V, (5)